# TU VERDADERO SER

ANDREA ALONSO NOVELO

# TU VERDADERO SER

©ANDREA ALONSO NOVELO

Primera Edición, 2021

ISBN : 979-836-7475-29-6

Editora: Rocío Zambianchi

Corrección de estilo: Verónica Maza Bustamante

Diseño de portada: MAPLE

Diseño de interior: Anette Rivera



**f**  Andrea Alonso Novelo

⬡ andrea.alonso.novelo

▶ Andrea Alonso Novelo

# ÍNDICE


Introducción 8

Somos la misma esencia 16

Tu dualidad 23

Una nueva evolución 30

Somos todo y nada 33

Tu ser sabio 40

El poder dentro de ti 46

Escucha tu intuición 53

Silencia tu mente 60

Si lo piensas, existe 67

Tus creencias, ¿limitantes? 71

Tu ser poderoso 79

Cambia tus reacciones 83

Las llaves de la abundancia 92

Todo lo que das, regresa a ti 101

Tu cuerpo sabio 104

Tu reflejo en el otro 113

Perdonar te libera 118

El dinero en tu vida 122

Tu propósito 129

El camino apenas comienza 133

Sentir la vida pasar,
como si fuera un tren a toda velocidad,
sin encontrar el freno.

Sentir mi vulnerabilidad sin escapar del dolor,
que me permite descubrir que estoy viva.

Sentir que hay algo más grande que mi propio cuerpo,
que mi propia mente, y tiene un gran poder.

Sentir que cada persona y ser vivo se conecta conmigo,
todos son parte de mí y yo soy parte de todos.

Sentir que poseo el poder del universo y que ese
tesoro está en mi interior, donde las respuestas surgen
y los caminos se abren.

# INTRODUCCIÓN

*Quien supera la crisis se supera*
*a sí mismo, sin quedar superado.*
*Albert Einstein*

Las olas del mar rompían antes de llegar a la playa, emitiendo un sonido relajante, casi hipnótico, que se convertía en música de fondo para que las palmeras bailaran al compás de la brisa marina en la hermosa costa de Telchac, playa mexicana del litoral yucateco donde pasaba unos días de aparente descanso en el verano de 2018.

Mi esposo y yo habíamos planeado una "escapada" después de una semana intensa de rutina, en la que no había habido tiempo para el respiro. Pensar en estar cerca del mar, de la arena y el buen clima me parecía genial; era el entorno ideal para que una pareja con más de diez años de matrimonio pudiera relajarse tras una rutina llena de responsabilidades laborales, hogareñas y familiares.

Cuando llegamos, sentí que hablábamos de todo y de nada a la vez; mi cabeza y mi cuerpo estaban ausentes, desconectados y exhaustos. El segundo día del viaje, notando mi evidente estado de ánimo, él me preguntó qué me pasaba. Mi realidad era muy diferente a la suya, pues, como muchas parejas mexicanas, las labores en casa y de crianza de nuestras hijas estaba en mis manos, principalmente, por lo que sentí que se abría una puerta, una oportunidad de catarsis, un punto de inflexión.

Pensé en volver a casa, a la rutina, a mis roles de esposa, madre de dos niñas, empresaria, hija, amiga, ama de casa... ¡Si no cruzaba esa puerta, mi existencia acabaría! (o, por lo menos, eso sentía).

Me di cuenta que durante los últimos años había vivido momentos llenos de vacío y ausencia, en los que me sentía ajena a mi propia vida, como si nada a mi alrededor fuera suficiente para sacarme una sonrisa o hacerme sentir completa.

Había olvidado lo que me gustaba hacer, no tenía tiempo libre para dedicar a mi persona, a mi cuerpo, a mi mente o a mi espíritu. Sentía que cada rol me consumía y me hacía olvidarme de mí misma, de mis necesidades. Mi organismo empezaba a enfermarse. Me sentía cansada todo el tiempo; mis emociones y frustraciones me dominaban, así que me desquitaba con los que tenía más cerca y más amaba.

Cada día me levantaba de manera automática, viendo los días

pasar, convirtiéndose en meses y luego en años, cumpliendo con los deseos y gustos de todos, menos los míos.

Aquellos días cerca del mar comprendí que mientras el miedo y la soledad avanzaban, algo comenzaba a cambiar dentro de mí, y el primer paso fue reconocer, frente a mi esposo, que no tenía una vida plena. Esto me permitió iniciar un proceso de desarrollo personal en el que descubrí que las crisis se convierten en oportunidades, en un camino hacia el despertar de la consciencia, hacia la evolución... y hacia la luz.

Descubrí que detrás de esos límites y obstáculos que aparentemente me impedían vivir de forma plena, había toda una serie de creencias, programaciones y decretos, muchos de los cuales me fueron implantados desde mi infancia al ser propios de mi cultura, religión y herencia de mis padres, quienes, a su vez, habían recibido muchas de ellas desde su propia infancia. También descubrí la fuerza y el poder del amor, esencia viva y llena de sabiduría.

Aquella vez en Telchac entendí que se había activado, también, un proceso de sanación que me invitaba a encontrar formas de ayudar a otras personas que, como yo, buscaban forjar un camino diferente al que estaban transitando.

Un año después impartí un taller enfocado en sanar relaciones de pareja, experiencia que me permitió conocer a muchas personas con las que compartía los mismos anhelos: una búsqueda de realización tanto personal como profesional, la posibilidad de mejorar nuestras relaciones interpersonales, soltar el pasado, vivir y disfrutar el aquí y el ahora, aprender a perdonar, encontrar el equilibrio en la vida. En pocas palabras, queríamos conocer nuestro poder interno y usarlo para vivir una vida más plena... que es precisamente el objetivo de este libro.

En 2020, una pandemia nos sacudió por igual. El mundo se detuvo, las prisas pararon, las puertas se cerraron, nos enfrentamos al aislamiento y a la falta de contacto físico con otros seres humanos, a la incertidumbre, las emociones descontroladas, la ausencia de esperanza y los pensamientos catastróficos. Esta experiencia fue un punto de inflexión. Lo que muchos vieron como una amenaza, algunos lo convirtieron en una oportunidad.

Las crisis se presentan en nuestra vida con el único propósito de obligarnos a evolucionar, a generar cambios y a enfrentar aquello que negamos.

La posibilidad de permanecer en casa en franca convivencia y sin una agenda rígida de plazos y compromisos nos permitió revalorar nuestro tiempo, reconfigurar nuestros hábitos y crear nuevos caminos. Fue en esos días de aislamiento que comencé a escribir, no sabía para qué o para quién, simplemente tenía la necesidad de encontrar respuestas sobre mi verdadero Ser. Cada idea y reflexión escrita fueron resultado de la inquietud y búsqueda ferviente que nacía dentro de mí en el proceso de descubrir quién soy en realidad, dando como resultado la creación de este libro.

En estas páginas encontrarás diversas interrogantes que no tienen una sola respuesta y que nos permitirán reflexionar y cuestionar lo que hasta el día de hoy hemos creído que somos, con el fin de transformar nuestra vida en lo que cada uno quiera convertirla.

Para ayudarte a responderlas, nos adentraremos en las fantásticas teorías del origen del universo para encontrar nuestra esencia poderosa, utilizaremos técnicas basadas en las Neurociencias y la Programación Neurolingüística para aprovechar el potencial de nuestro cerebro y generar nuevos hábitos de transición hacia el logro de nuestros objetivos.

También exploraremos nuestro interior con ejercicios de meditación, para conectar con el presente; confrontaremos algunas creencias limitantes que creíamos imposibles de cambiar, siguiendo la guía de ciertas técnicas de psicoterapia.

Analizaremos el mensaje de personajes de gran peso espiritual en la historia de la humanidad, a la luz de la objetividad, centrándonos en su utilidad en nuestras vidas. Finalmente, hablaremos del poder de la fe humana, aquella que no tiene ciencia ni explicación, como una herramienta que nos permita generar confianza en lo que somos para lograr saber cuándo privilegiar nuestra sabiduría o intuición frente a las creencias de lo que "debe ser".

Grandes transiciones evolutivas del ser humano en el último siglo comenzaron con pequeños cambios en sus hábitos, costumbres y programaciones mentales, los cuales, en un principio, fueron difíciles de realizar, pero lograron romper paradigmas: el voto de la mujer, las políticas de no discriminación de grupos minoritarios (afroamericanos, comunidad LGBT+, grupos indígenas, etc.), el matrimonio igualitario y la equidad de género.

Este escrito ha sido inspirado por un largo proceso personal de aprendizaje y crecimiento; está dirigido a las personas que quieren conocer el poder que hay en su interior, el cual les permitirá vivir la vida que desean, transitando del lugar donde se encuentran hacia aquel en el que desean estar para lograr una nueva evolución.

Cada palabra escrita aquí es un regalo para que puedas comenzar este camino y disfrutar el proceso inacabable de conectar con lo que eres y lo que te rodea, como me pasó a mí aquella vez en la playa, cuando inicié una compleja pero hermosa aventura que hoy te invito a recorrer.

Disfruta el proceso de empezar a conocer tu esencia, escuchar tu sabiduría, usar el poder interno que tienes y, por lo tanto, transformar tu vida.

Este ejemplar es para ti y por algo ha llegado a tus manos: haz anotaciones, borra, tacha, subraya… deja que suceda lo que tenga que suceder. Recuerda que la reflexión y la imaginación son el punto de partida de la creación.

En la última parte de este libro encontrarás un espacio creativo para que explores tus reflexiones, preguntas, ideas y conclusiones a partir de tu lectura. Esto podría servirte para llegar a nuevos puertos, autoconocerte y abrir tu percepción de todo lo que te rodea. Te invito a que te apropies de esas páginas y te sientas libre de crear, expresar, conectar con la sabiduría ancestral y manifestar lo que tienes dentro para volverte cocreador o cocreadora de la existencia en sí misma.

Recuerda que no hay prisa en tu proceso de desarrollo: guíate por el amor y no te exijas transformaciones inmediatas. Se trata de encender una llama en tu interior que te llevará a cuestionarte la realidad, tus ideas y tus necesidades. Eso es suficiente para comenzar a hacer cambios en tu vida.

¡Te deseo un excelente viaje!

# NO ERES QUIEN CREES SER

# 1. SOMOS LA MISMA ESENCIA

*La gota de agua participa de la grandeza
del océano, aunque ella no lo sepa.
Mahatma Gandhi*

Es posible que hayas leído o escuchado sobre las teorías del origen del universo o del ser humano basadas en investigaciones científicas como las de Carl Sagan, Lynn Margulis, Stephen Hawking y otras personas de ciencia. O quizá te identifiques con las enseñanzas del Buda Shakyamuni (Siddharta Gautama), el mensaje de Jesucristo o las aportaciones confrontadoras de la maestra budista conocida como Tara la Verde.

Éste no es un libro que profese alguna religión o ciencia en particular, sin embargo, grandes guías espirituales de la humanidad y escuelas filosóficas, así como los últimos descubrimientos científicos, coinciden en lo mismo: es enorme el potencial del ser humano.

El origen del universo y, por lo tanto, del ser humano, ha sido y seguirá siendo un tema de interés para científicos, líderes mundiales, guías espirituales y, con seguridad, muchos de nosotros a lo largo de nuestra vida nos hemos planteado preguntas como ¿de dónde venimos?, ¿cómo se creó el universo?, ¿tiene un inicio y un fin?

La teoría del Big Bang, iniciada por el matemático, astrónomo y físico George Lemaitre, nos habla del origen del universo a partir de la explosión de un pequeño punto en el cual se encontraba toda la materia, la energía, el espacio y el tiempo. El científico Stephen Hawking plantea que el universo emerge de la nada, donde no hay tiempo, espacio ni materia.

El astrofísico Carl Sagan asegura que somos restos de estrellas, que el hierro de nuestra sangre, calcio de nuestros huesos y carbón del cerebro fueron formados en estrellas gigantes miles de años luz atrás en el espacio.

Por su parte, la bióloga Lynn Margulis enriqueció la célebre teoría de la evolución biológica con sus brillantes descubrimientos sobre el mundo microbiano, demostrando que organismos de especies distintas estamos asociados mediante la simbiosis, es decir, todo organismo vivo en el planeta está vinculado de una forma u otra.

La Biblia dice que todos los seres humanos fuimos creados por un Dios "porque en Él fueron creadas todas las cosas, las que hay en los cielos y las que hay en la tierra, visibles e invisibles" (Colosenses 1:16).

El taoísmo afirma que todas las cosas están unificadas y conectadas en el Tao, fuerza de la cual surge el universo.

Como habrás notado, uno de los mayores puntos de confrontación entre ciencia y religión es precisamente al explicar cómo fue el origen de todo (universo, materia, hombre); sin embargo, considero que el mayor elemento de convergencia de ambas es que reconocen que todo lo que existe en el universo tiene un mismo origen y una misma esencia, ya que revelan que algo nos une a las estrellas, a la Tierra, a los animales, a las plantas, a cada ser que ha existido, existe y existirá.

Ya sea que el origen del universo sea el punto del Big Bang, el Tao, Dios, la simbiosis, el todo o la nada, nuestra esencia es y será siempre la misma.

¿Qué es entonces esa "esencia"? Algunos le llaman dios, otros, consciencia; yo le llamo el *todo*; sin embargo, ponerle un nombre a nuestra esencia no es trascendental en el objetivo de lograr una conexión con ella. Por eso te invito a que le pongas el nombre que consideres, aquel que te lleve a sentirla más que a definirla.

De hecho, el lenguaje que utiliza este libro al referirse a ese *todo*, puede ser cambiado por quien lo lea para utilizar aquella palabra o concepto que le dé más sentido según sus propias creencias, ejemplo: dios, universo, creador, amor, fuente, energía... para mí, son conceptos que expresan la misma idea.

El origen y la esencia del *todo*, es como la semilla de un árbol: en ella está toda la información de lo que puede llegar a ser, lo que necesita para crecer y florecer correctamente. La semilla germina, crece y se convierte en un árbol divino, lleno de flores, frutos, ramas, hojas y más. Todo lo que conforma el universo se encuentra en ese árbol, ahí están las galaxias, planetas, estrellas, seres vivos y no vivos, visibles e invisibles.

Ahora, visualízate como una flor del árbol. Piensa: soy la flor más bella, tengo los mejores colores y formas, mi olor es el más intenso, mi nombre es el más atractivo, poseo las mejores cualidades… ahora, pregúntate: ¿en realidad es así? Si consideras que eres más que el árbol en su conjunto, el que está respondiendo es tu ego.

Según el budismo, el ego es la concepción errónea del "yo" como una entidad que existe por sí misma. Desde el momento que nacemos, nos empezamos a "vestir" con trajes que existen desde hace siglos, incluso milenios, que otros dicen que así son y debemos usarlos. Nuestros padres, madres, abuelos, abuelas, amigos y amigas, la sociedad en su conjunto nos van diciendo, desde que empezamos a tener uso de razón, qué hacer, cómo comportarnos, cómo relacionarnos, qué es lo "valioso" o "importante", la forma en que debemos mostrarnos frente a los demás… y comenzamos a creer que eso somos.

Me refiero al ego como la falsa identidad que creamos a lo largo de nuestra vida. Son esas máscaras que van haciéndose más grandes y más duras, que nos impiden ver más allá de ellas, nos hacen olvidar lo que en realidad hay en nuestro interior.

## EJERCICIO

*Descríbete como lo sueles hacer comúnmente. Piensa en lo que te define como persona en base a tu vivencia hasta ahora. ¿Quién te han dicho que eres? ¿Te representa tu profesión, tu estado civil, tu lugar de origen, tu nombre? ¿Cómo te sientes o dónde te sitúas frente a todas estas etiquetas?*

Es común que, cuando nos describimos, tratemos de responder la pregunta ¿quién soy? con ideas y juicios aprendidos, dando valor a algunas cualidades y quitándoselo a otras. La concepción que tenemos acerca de nuestra persona, se relaciona con la identidad que nos han creado a lo largo de nuestras vidas y no hemos confrontado o corroborado.

*Si llegas a ver dentro de tu interior, podrás sentir y conectar con la esencia del amor a partir de la cual se te creó.*

Para conectar con tu esencia, necesitas olvidar quién has sido hasta este momento. Trata, ahora, de responder a la pregunta ¿quién soy? sin mencionar tu nombre, tu profesión, tus ideas culturales, creencias religiosas, si eres pareja de alguien, padre o madre, y, en general, sin todo aquello que tu mente diría de manera automática.

Una vez que olvides las características que te han dicho que tienes, descubrirás la esencia del amor dentro de tu Ser y podrás trascender más allá de ti, ya que podrás ser el *todo*.

¿Qué soy en realidad, una flor, un fruto o el árbol?, te preguntarás.

Yo te digo que en realidad eres el árbol divino y, a la vez, eres la semilla que ha creado todo. Siempre has existido, no con tu forma humana, sino en esa semilla creadora. Toda la información del universo está dentro de ti. Confía en esta sabiduría para permitirte florecer sin barreras.



Puedes repetirte, siempre que puedas:

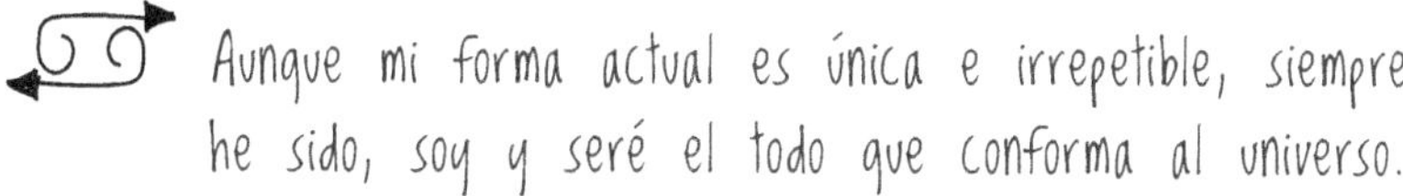


La manera de dejar de sentirte una flor, un fruto o una hoja aislada, para convertirte en el *todo*, es aceptando tu propia divinidad. Para ello, necesitas soltar tu ego y reconocer que lo importante está en el fondo y no en la forma, en el interior y no en el exterior. En la medida en que transformes el fondo, la forma por ende será modificada, convirtiéndose en lo más hermoso y maravilloso jamás visto.

Soltar tu ego es quitar todas las capas y ropas que nos han puesto y permitirte desnudar tu verdadero Ser. Es aceptar tu vulnerabilidad humana y fluir en un amor infinito con todo lo que existe.

Al reconocerte vulnerable, reconoces que eres un ser humano, que puedes fallar, sentir dolor y equivocarte, ya que para sentir la vida es necesario descubrir sus polos. No puedes reconocer la luz si no conoces la oscuridad, y eso transforma la vida en un acto maravilloso.

Aceptando mi vulnerabilidad humana, empieza el camino hacia mi propia divinidad.

Es momento de soltar tu ego para reencontrarte con tu divinidad, reconocer que tu esencia es amor, ya que el universo mismo ha sido creado por la fuerza de un amor infinito.

# 2 TU DUALIDAD

*Confrontar a una persona con su propia sombra, es mostrarle su propia luz.*
*Carl Jung*

La manera como nos vemos normalmente está contaminada por aquellos disfraces y máscaras que la gente nos ha puesto utilizando juicios de valor: soy fuerte, soy inteligente, soy amable, mi piel es clara, mis ojos son grandes, tengo estos "defectos" o estas "virtudes".

Para poder liberarnos de ellas y conectar con nuestra esencia y el amor infinito el primer paso es desnudar tu Ser.

Deja que tu disfraz de humano convencional, lleno de soberbia y de limitaciones, desaparezca y que tu luz comience a emerger. Para lograrlo, limpia tus ojos de todos esos juicios que has hecho y han hecho sobre ti, y que seguramente vienen de lo que el exterior te ha enseñado que es valioso. Libérate de todo lo que te han hecho creer que eres, de lo que tus padres o la sociedad te han marcado que debes hacer. Vence el miedo a encontrarte sin ropa, vulnerable, en toda tu humanidad. Ése es el camino para encontrar tu divinidad.

Una vez desnuda o desnudo, tras liberarte, podrás empezar a trabajar la admiración y aceptación positiva incondicional a lo que realmente eres, sin cambiarte nada.

## MEDITACIÓN

Te invito a pararte frente al espejo. Observa tu cuerpo, tu rostro, lo que consideras tus imperfecciones y lo que más te gusta... Observarte como quien admira la obra más maravillosa de la naturaleza. Agradece lo que ves en el espejo, cada parte de tí es única y maravillosa, acéptala sin condiciones.

Cada pensamiento de juicio que venga a tu mente, llénalo de amor y transfórmalo en una idea de aceptación y agradecimiento. Comienza a hablar contigo de manera tierna y amorosa, como le hablarías al ser que más amas, a la criatura más hermosa que conozcas, a la más vulnerable, con el mismo respeto, aceptación y cariño con que le hablas a un niño pequeño, ahora repite esta frase varias veces frente al espejo:

Mi esencia es divina, mi esencia es el amor.

Ahora puedes hablar con tu verdadero Ser. Repite las siguientes afirmaciones y posteriormente continúa con frases y palabras que nacen de ti y del amor infinito.

Me libero de todos los disfraces y máscaras que me he puesto o me han puesto a lo largo de mi vida.

> Reconozco que mi esencia es divina, me acepto tal y como soy, de manera incondicional, y me amo de manera infinita. Soy luz, soy amor, soy sabiduría (continúa con aquellas palabras que surjan de tu esencia).

Una vez que termines puedes darte un amoroso abrazo. Hazlo como se abraza al ser más amado, llenando a tu parte interior de ternura y energía divina. Siente tus brazos rodeando tu cuerpo, siente tu piel y tu calor, busca conectar contigo, con tu esencia, con el *todo*.

Regálate durante el día momentos y espacios para amarte, estar en soledad, escuchar tus pensamientos y sentir tus emociones. Meditar, tener un hobbie o disfrutar de la naturaleza, son algunos abrazos que puedes darte en el proceso de amarte. Recuerda que la relación más importante de tu vida es la que tienes contigo mismo.

No olvides que es un proceso que depende de cada persona. Para algunas, la transformación se da en un breve lapso de tiempo; para otras, tienen que pasar años hasta que logren trascender lo establecido. Ambas opciones son correctas; no te desesperes ni trates de correr cuando apenas estás entendiendo cómo caminar de nuevo.

En el proceso de aprender a amarnos, nos encontramos con aspectos de nuestra personalidad que no nos gustan, pensamientos que nos dan miedo o conductas que realizamos que nos alejan de nuestra propia luz. Eso que vemos, pero evitamos, puede ser nuestra sombra.

Eres dualidad: luz y oscuridad, guerra y paz... conocer cada extremo, aceptarlo dentro de ti y amar sin condiciones el todo y sus partes son esenciales en tu proceso de evolución y del camino hacia el amor infinito.

Para el psicólogo Carl Jung, conforme crecemos y se va formando nuestra personalidad o ego, descubrimos que hay rasgos que no son aceptados por nuestra cultura, religión o sociedad.

Emociones como el odio, envidia o celos los vamos desterrando y ocultando, empiezan a esconderse en lo más profundo de nosotros, permaneciendo en la oscuridad, fuera de nuestra luz o consciencia y convirtiéndose en la sombra.

Estos sentimientos o pensamientos deben ser aceptados como parte de nuestra humanidad. Lo que alimenta a la sombra y la hace grande y hasta peligrosa para nosotros mismos o los demás, es no reconocerla, ocultarla, reprimirla o proyectarla.

¿Cómo puedo conocer mi sombra? El libro *Encuentro con la sombra* nos dice que solo podemos verla indirectamente, mediante los rasgos y las acciones que admiramos o rechazamos de las otras personas. Mostrar una desproporcionada admiración o rechazo a determinada cualidad humana, es el esfuerzo de nuestro inconsciente para "expulsar" de nuestro interior esa sombra, ya que se siente incómoda con ella, proyectando o atribuyendo en el otro esas cualidades para no reconocerlas en su interior.

La mejor forma de conocer nuestra sombra es llevando a la consciencia aquello que admiras o rechazas de los demás, lo que te enoja o no toleras. Solo así podrás encontrar tu sombra proyectada en el otro.

## MEDITACIÓN

En esta meditación podrás comenzar a conocer, aceptar y amar a tu sombra, aquella que esconde las emociones, los miedos, la vergüenza y las heridas que has negado, escondido o evadido a lo largo de tu vida y que emerge en aquello que te incomoda de los demás.

Te invito a buscar un lugar tranquilo y ponerte en una posición cómoda, cierra los ojos, concéntrate en tu respiración y permite que tu cuerpo se vaya relajando cada vez más.

Visualiza una luz frente a ti, la cual proviene de tu esencia divina. Agradécele y permite que te guíe durante esta meditación. Piensa en aquellas cualidades, acciones o actitudes que te molestan de otras personas o quieres que cambien. Encuéntralas dentro de ti.

Puede ser que las tengas actualmente, o que alguna vez las tuviste o quizá deseas tenerlas; también puede ser que seas todo lo contrario como un reflejo de haberte reprimido ante la presión externa, o que aquello que tanto criticaste en el pasado lo repitas en el presente.

Ya que logres ubicar esas características, sentimientos o emociones de tu sombra, visualiza frente a ti a tu parte más humana, imagina su miedo a no ser aceptada, a no cumplir las expectativas de los demás, a no ser amada. Ese miedo la ha llevado a no perdonar, a lastimar, a criticar o juzgar. El miedo nace de la falta de amor incondicional. Ahora, con una mirada amorosa y libre de juicios, háblale a tu "sombra", a esa parte de ti que se ha escondido por años, que necesita ser perdonada, aceptada y amada.

Reconozco que eres parte de mi, que el miedo y la vergüenza me habían impedido aceptar mi obscuridad. Hoy me acepto como un ser completo, acepto mis miedos, mis inseguridades, mis heridas. Reconozco que puedo equivocarme y cometer errores, ya que estoy aprendiendo.

Visualizo una luz que surge de mi corazón y que ilumina cada parte de mi sombra. Con cada respiración la luz se hace más grande y más fuerte hasta envolvernos en una esfera protectora de luz. Lleno a mi parte más vulnerable del perdón, agradecimiento y amor infinito que surge de mi corazón.

Lo siento, perdóname, gracias, te amo.
Lo siento, perdóname, gracias, te amo.
Lo siento, perdóname, gracias, te amo.

Repite estas palabras las veces que necesites, mientras le permites a la luz sanar tu interior, a tu ritmo y a tu tiempo de manera saludable y protegida. Al reconciliarte con ella llevarás la armonía y el equilibrio a todo tu Ser.

# 3 UNA NUEVA EVOLUCIÓN

*El sol es nuevo cada día.*
*Heráclito de Efeso*

¡Qué maravilloso es despertar una parte de tu consciencia y que tu Ser descubra que se siente pleno y feliz por encontrar esa luz en su camino!

Sin embargo, eso no significa que miras el sol completo: apenas es una parte de él, un rayito, ya que aún falta mucho por descubrir. Pero el Ser solo vive el momento, el aquí y el ahora, y está feliz por el descubrimiento que acaba de hacer.

Otro día despiertas y sientes inquietud. Sigues viendo el mismo rayito, pero algo te falta. ¿Qué me sucedió?, ¿habré perdido mi luz? La respuesta es simple... estás listo para seguir tu evolución, es momento de dar un paso más para ampliar tu estado de consciencia. Y ahí es donde muchos se desesperan, no aceptan su aquí y ahora, algo ya no les gusta, y se hunden en emociones del pasado que no les permiten continuar evolucionando.

Aunque te duela avanzar, no te detengas, no es fácil limpiar el camino, pero una vez listo, disfrutarás el viaje.

Tenemos que aceptar, de manera amorosa, que esa incomodidad es la energía que nos va a mover y motivar a seguir buscando otro rayo del gran sol.

Crecer lleva cierta incomodidad, si decides verlo así; para mí, simplemente son experiencias o emociones que es necesario vivir, para avanzar en un estado de evolución, y de conocer más de mi esencia divina.

Despertar nuestra consciencia es lo que requiere la nueva evolución humana, todos nuestros sentidos comienzan a abrirse y nuestro espíritu se amplía a nuevas formas y expresiones.

Evolucionar es necesario e inevitable, si tú no evolucionas, tus hijos lo harán, las generaciones que vienen tendrán los ojos más abiertos y sabios para avanzar junto con toda la humanidad. También el planeta lo hará, te guste o no la idea.

Cada generación da un paso hacia adelante y tienen el impulso y necesidad de hacer las cosas mejor que la generación anterior; eso es evolución.

¡Por eso el camino nunca termina! No puedes decir que has llegado al final, pues te falta mucho por caminar. Avanza en este camino hasta donde tu vida humana te lo permita.

Cada persona decide si dar uno o mil pasos; sin embargo, las siguientes generaciones van e irán más rápido, más allá de donde tú abriste brecha, y a ellos les tocará abrir más para las siguientes generaciones. Mientras más bases construyas para ellas y ellos, más sentido tendrá tu paso en esta tierra.

Con cada paso que das, tu luz ilumina el camino, no puedes ver hacia dónde lleva, pero la fe será tu principal antorcha.

Si después de una "buena etapa" de tu vida, llega la "crisis", sientes que necesitas moverte de donde te encuentras, recuerda que es porque algo dentro de ti está evolucionando y es el momento de caminar, de hacer cambios, de encontrar otro rayo de tu luz.

No tengas miedo a dejar de ver tu luz, porque al igual que la oscuridad, también es parte de ti.

# SOMOS TODO Y NADA

*Si no eres nada, si desapareces,*
*entonces puedes ser todo.*
*Gary Weber*

Probablemente te estés preguntando: "¿Es posible conocer mi esencia?, ¿será que pueda acceder a todo el poder creativo que existe en el universo? ¿podré alcanzar mi potencial humano?".

Yo, he encontrado muchas respuestas en las enseñanzas de grandes guías espirituales como Buda, Tara o Jesús, así como en la vida de personas comunes, como tú y como yo, que han alcanzado un potencial enorme de sus habilidades o capacidades. Analizar estas historias puede darnos herramientas muy útiles en el camino de encontrar nuestro poder.

Si bien desde pequeña he tenido una formación católica, con el correr de los años he sentido una gran necesidad de cuestionar muchos de sus credos y dogmas. Por ejemplo, no estoy de acuerdo con que se defina a María por su virginidad, ya que el hecho de haber ejercido su sexualidad libremente no la hubiera hecho menos valiosa; tampoco considero correcto que la figura de "Dios Padre" sea representada como hombre, ya que desde mi visión el *todo* no tiene forma o figura y menos género, y por supuesto que difiero de una idea que nos considera a todos como "hijos de dios" pero no respeta la igualdad de derechos humanos y sexuales entre absolutamente todos los habitantes de este planeta.

Sin embargo, es a través del propio catolicismo que conocí las enseñanzas y parábolas de Jesús de Nazareth, lo que me llevó a adentrarme de una forma profunda en su vida y su mensaje.

¿Quién es este hombre y cómo impactó a la humanidad de tal manera que creó un antes y un después en nuestra historia?

Él, desde niño demostró tener una sabiduría interna que asombró hasta a los más eruditos de su época; incluso se afirma que tuvo acceso a un ser divino al cual llamó "Padre". Desde mi punto de vista, esa conexión de Jesús con el "Padre", era en realidad con su esencia divina, con su verdadero Ser.

Igual que Jesucristo, todos nacemos con una gran sabiduría, sin embargo, la vamos escondiendo detrás de las máscaras que construimos según las expectativas que la sociedad tiene de nosotras y nosotros desde que nacemos. Nuestro ego nos hace sentir superiores a los demás y a olvidar nuestra unidad con el *todo*.

Para él no existían diferencias sociales, económicas, de género o de ideología. Trataba de igual forma a un leproso, a un fariseo, a un pescador o a una prostituta, algo que para sus seguidores y opositores era increíble o inaceptable.

Este concepto de unidad no es de un solo grupo o creencia; podemos encontrarlo en los ámbitos religiosos, antropológicos, psicológicos, espirituales, filosóficos, literarios, etcétera.

En la Biblia, Jesucristo hace referencia de la unidad con el Padre y con sus discípulos: "Que todos sean uno; como tú, Padre, en mí, y yo en ti, que también ellos sean uno en nosotros" (Juan 17:21).

Para el psicoanalista Erich Fromm, "la única forma como puede captarse el mundo en su esencia reside no en el pensamiento, sino en la experiencia de unidad". Si experimentamos esa unión con todas las personas y con todo el universo, y nos desconectamos de nuestra mente, podremos conectar con el *todo*. Para este autor el amor fraternal se basa en la experiencia de solidaridad entre las personas y de la comprensión de que todos somos uno.

El filósofo chino Chuang-Tzu también expresa: "Lo que es uno es uno. Aquello que es no-uno, también es uno". Si dejamos de un lado nuestro falso yo, desaparecerán los límites que nos separan de las personas, seres y materia del universo: podremos ser nada y ser *todo*.

Esta unidad no se da únicamente entre personas, sino entre

todos los seres vivos e inertes, entre los humanos y la naturaleza, los animales, la tierra, el agua, el aire, el fuego, el cosmos. Estar en unión con todo, es vivir en equilibrio con lo que nos rodea, alejándonos del ego que nos hace sentir dueños de la creación o con el derecho de destruir, acabar, utilizar, consumir.

El autor Yuval Noah Harari narra, en su libro *Sapiens. De animales a dioses*, la historia evolutiva del ser humano, describiendo cómo vivía en armonía con la naturaleza y los animales, utilizando lo necesario para sobrevivir. Al desarrollarse el pensamiento, la imaginación, la comunicación, el homo sapiens comenzó a darle valor a cosas que solo existían en su mente: dinero, poder, estatus, religión... todo esto ha llevado al ser humano a utilizar los recursos de la naturaleza para llenar esas nuevas necesidades, aunque esto implique terminar con ellos.

Al decir unidad con el *todo* no estoy diciendo que somos "parecidos" ni que debemos unificarnos en parámetros sociales, sino que somos uno/a mismo/a con aquello que nos rodea y conforma una sola esencia.

Si cambiamos el mensaje de "todos y todas somos iguales" por "todos y todas somos uno", encontraremos la solución a muchos de los problemas que aquejan a la sociedad, como la violencia, la discriminación, la intolerancia y el odio.

Cuando agredes a una mujer, te agredes a ti mismo; si rechazas a las personas transexuales, te rechazas a ti mismo; si no toleras a quien piense distinto, en realidad no te toleras a ti mismo.

Imagina lo siguiente: si tu mano lastima una parte de tu cuerpo, ella también se afecta, ya que el estrés ocasionado por la herida impacta en todo tu organismo. Si el cuerpo muere, la mano también morirá. Todo lo que das o deseas a los demás, regresa a ti inmediatamente, recuérdalo cada vez que le desees algún mal a cualquier persona o ser vivo, aunque sea en un arranque de enojo momentáneo.

En la medida en la que te consideres parte del todo, podrás vivir en armonía contigo mismo/a y con lo que te rodea.

Por lo tanto, lo que existe en el *todo* está en ti y tú tienes en tu interior la respuesta a todas las preguntas. No hay problema en el mundo que el *todo* no pueda solucionar, no hay camino que sea incapaz de caminar, no hay pregunta que no pueda responder. En tu interior está toda la información y sabiduría del universo, ya que somos uno mismo con él.

Toda esa información no la tenemos en nuestra mente consciente, ya que olvidamos dónde estábamos antes de encarnar, lo que ya hemos entendido y lo que en realidad somos.

Todo lo visible, como la tierra, las plantas, los animales, las personas, el cosmos... y lo invisible como la energía, el aire, los pensamientos, los sentimientos... tú, yo y todo lo que existe... somos la fuente, somos dios, somos el *todo*.

Ese momento en el que descubres tu esencia, tu poder, tu grandeza, es cuando más te tienes que reconciliar con tu vulnerabilidad, con tu humanidad, con tus debilidades, con tu dolor.

Al decir "somos el *todo*" no empieces a conectar de nuevo con la vanidad, ego, soberbia. Ser el *todo* significa, en realidad, conectar con el universo, reconocer tu humanidad y, a la vez, sentir tu divinidad.

*Quien se hace pequeño es en realidad grande, quien se reconoce vulnerable es en realidad poderoso.*

## MEDITACIÓN

Para experimentar este concepto de unidad te invito a observar a tu alrededor. Siente cómo todo que te rodea es parte de ti. En un estado de relajación percibe cómo tu cuerpo pierde su forma y se convierte en energía. Imagina que absolutamente todo lo que existe en el universo, las estrellas, los planetas, las personas, animales, plantas, los objetos, los lugares, todo ser vivo y no vivo... también se convierten en energía y visualiza como todos nos fusionamos y regresamos a ese pequeño punto, a esa semilla de la que venimos.

Ahora que estás ahí, percibe tu fusión con esas personas con las que no has tenido una buena relación, con todos los objetos y cosas materiales que anhelaste, con todos los lugares del mundo donde has estado o quisieras visitar, con la naturaleza que quizá no has respetado, con todo lo que considerabas ajeno a ti. Siente que todo es parte de ti y que eres UNO con todo.

Ahora agradece la energía que fluye en ti y graba esa sensación en tu interior. A partir de ahora, cada vez que te invadan la soledad, la inseguridad o el miedo, podrás recordarla, para llenarte de la energía de la unidad, de su amor y bienestar.

Entender el concepto de unidad, interiorizarlo y hacerlo parte esencial de nuestro actuar en la vida nos llevará hacia una nueva evolución.

# TU SER SABIO



*No hay que confundir nunca el conocimiento con la sabiduría. El primero nos sirve para ganarnos la vida; la sabiduría nos ayuda a vivir.*
Sorcha Carey

Muchos guías espirituales de la humanidad descubrieron que una parte suya posee una gran sabiduría, su consciencia iba más allá de lo que su existencia humana podía experimentar, despertaban a una nueva comprensión de ellos mismos, más allá de su mente y de su ego.

Algunos le llaman supraconsciencia o consciencia superior; para mí, es entrar en contacto con ese Ser sabio que está en mí y que tiene toda la sabiduría del universo.

Ese Ser a veces es ignorado, otras veces ni siquiera sabemos cómo "escucharlo" o conectar con él. Es una parte que no se comprende con la mente, ya que nos guía mediante la intuición, nos mueve hacia caminos que no pensábamos jamás tomar y nos lleva a manifestar y crear cosas maravillosas que ni siquiera hubiéramos imaginado.

El Ser sabio es la sabiduría espiritual y ancestral que
todos tenemos, pero que pocas veces escuchamos.

A veces sentimos que nuestros problemas son más grandes que nosotros mismos y que no hay salida, sin embargo, mientras más conocemos y conectamos con nuestro Ser sabio, más descubrimos que no hay problema o dificultad que seamos incapaces de superar, ya que los ojos con los que él observa nuestra vida están llenos de sabiduría y de respuestas. En la medida en que te permitas conectar con tu Ser sabio, tendrás otras perspectivas de la vida y todo fluirá más fácilmente.

## MEDITACIÓN

Te invito a que realices esta práctica en un momento y lugar tranquilo, sin interferencias.

Ubica una posición cómoda y comienza a respirar profundamente, hasta que sientas que entras en un estado de relajación. Estando ahí, te invito a olvidar por un momento tu cuerpo físico para conectar con ese Ser sabio que es parte de ti.

Permítete abandonar tu cuerpo por un momento para que tu esencia pueda dirigirse a un lugar alejado, donde no existe tiempo, ni materia. Ése es el lugar donde estuviste antes de nacer. Ahí puedes sentir tu esencia, puedes encontrar lo que en realidad eres.

Siente cómo te conviertes en el *todo*, como te unificas con el universo y con su gran poder. Te inunda una paz infinita...

Puedes quedarte ahí el tiempo que necesites, sintiendo que una gran fuerza te abraza, te sostiene. Déjate llevar, confía en ella. Desde ese lugar maravilloso puedes observar el cosmos entero, los planetas, la Tierra, tu país, tu casa. Observa que, en realidad, aquellas situaciones adversas que considerabas más grandes que tú son pequeñas, ya que tu grandeza no tiene límites.

Tu Ser sabio es el que observa, el que tiene todas las respuestas, el que tiene la solución a todas las situaciones de tu presente, es la luz que ilumina tu camino y se comunica contigo para guiarte.

Ahora, esta parte de ti puede observar tu cuerpo físico, en el lugar donde se encuentra, en tu presente, tu aquí y ahora, observa tus miedos, tus angustias, tus problemas. En sus ojos no hay juicios, solo comprensión y amor.

Tu Ser sabio se comunica con tu cuerpo físico y le da las respuestas que siempre había buscado. Siente esa comunicación entre ambos. Escucha atentamente la información que te está llegando a través de tu Ser sabio, no con tus oídos físicos, sino con el corazón.

Todas las respuestas llegarán a ti en el momento correcto, cuando las necesites. Con cada pregunta llegará la respuesta.

Tómate el tiempo que necesites, disfruta esa comunicación, esa conexión...

Cuando estés listo, puedes regresar a tu cuerpo físico, al presente, al aquí y ahora.

Al abrir tus ojos físicos empezarás a ver todo diferente, con mayor claridad, sabrás lo que tienes que hacer, sin tanto pensarlo, solo con sentirlo y permitiendo que tu Ser sabio te guíe.

## EJERCICIO 

*Te invito a escribir:*

*¿qué descubriste que eres? ¿Qué respuestas encontraste?*

Permite que el proceso de sentir la unidad con el *todo* y de contactar con tu Ser sabio se dé poco a poco. Tómate el tiempo necesario y realiza el ejercicio cada vez que puedas. Despreocúpate si aún no encuentras las respuestas o no sabes hacia donde te guiará, ya que tu sabiduría apenas está despertando y comenzará a actuar en el momento menos esperado.

Cuando conectes con tu Ser sabio, aprendas a escucharlo y dejes que te guíe, van a suceder cosas maravillosas en tu vida.

# SEGUNDA PARTE

# DESCUBRE TU PODER

# EL PODER DENTRO DE TI

*Somos creadores de nuestro universo.*
*Rhonda Byrne*

Así como Jesús, muchas personas a lo largo de la historia han dejado a un lado su ego para percibirse en unidad con el *todo* y de esta manera alcanzar su potencial humano. Mediante la meditación y la oración Jesús conoció su esencia divina y aprendió a conocer su poder interno, el cual le permitió hacer milagros o generar cambios.

Probablemente te preguntes: "Entonces, si yo conozco mi esencia divina, conecto con la sabiduría del *todo* y descubro mi poder interno, ¿puedo hacer milagros y generar cambios?".

La respuesta es un rotundo sí. El ser humano puede hacer eso y más. En la historia de la humanidad hemos leído y escuchado de grandes personajes que han alcanzado lo inimaginable, que han superado la adversidad o han realizado milagros en sus vidas o en las de otras personas.

Wilma fue una niña que, al contraer poliomielitis, quedó parcialmente paralizada de su cuerpo. El doctor fue claro con ella y su familia al indicar que jamás volvería a caminar.

Sin embargo, su mentalidad positiva, voluntad y perseverancia generaron un cambio radical en su destino, llegando a ser la corredora más veloz del mundo en los Juegos Olímpicos de 1960. Muchos podrían decir que el mayor milagro de Wilma Rudolph es que sus piernas la hacían "volar".

Como la de Wilma, conocemos muchas historias, las cuales nos demuestran que el límite únicamente existe en nuestra mente. Entonces, ¿qué similitud existe entre tú y yo, con personajes como Jesús y Wilma Rudolf? La respuesta es que su esencia es igual a la nuestra, lo que quiere decir que no son extraterrestres o de otra especie, sino seres humanos igual que nosotros.

Entonces, ¿por qué no es tan fácil para todas las personas utilizar ese poder interior, como lo fue para Jesús o para Wilma?

No fue fácil para ninguno de ellos: tuvieron que luchar contra tentaciones, contra su ego, con aquellas creencias limitantes o con una falsa identidad creada en su mente. Sin embargo, algo podría ser diferente: las conexiones neuronales que se iluminan cuando una persona logra contactar con su esencia divina.

Diversas investigaciones como las del Dr. Herbert Benson, fundador del Instituto Médico Mente-Cuerpo, en la Universidad de Harvard, han demostrado los beneficios en la salud de realizar actividades que conectan mente y cuerpo, como la meditación o los asanas de yoga. Mientras mayor es el tiempo que emplea una persona para estas actividades, mayores son los beneficios en su cerebro, observando una reconstrucción cerebral o desarrollo de nuevas neuronas, manteniendo un cerebro más joven que personas de la misma edad que no meditan. También han disminuido el dolor físico, el estrés, la ansiedad, el miedo, y han aumentado sus habilidades cognitivas, mejorado tanto su salud física como mental.

Daniel Goleman y Richard Davidson, en su libro *Los beneficios de la meditación*, nos revelan cómo la práctica inteligente de la meditación puede cambiar nuestros rasgos personales, rediseñar nuestros circuitos neuronales, cultivar cualidades como el amor y la compasión e incluso mejorar nuestro genoma.

¿Podemos nosotros estimular de igual manera esas conexiones para mejorar nuestra salud? Las neurociencias han descubierto la capacidad que tiene nuestro cerebro de cambiar, de crear nuevos caminos y conexiones neuronales para adaptarse. Es por medio de esa plasticidad cerebral que vamos a adquirir nuevos hábitos y aprendizajes hacia una vida más saludable y plena.

Entonces, ¿tengo la capacidad de hacer un cambio radical en mi vida a través de la adquisición de nuevos hábitos y aprendizajes?

La respuesta es otro rotundo sí. El psicólogo William James, en su libro Principios de psicología, nos habla de los hábitos. "Debemos hacer automáticas y habituales, tan temprano como sea posible en nuestras vidas, el mayor número de acciones". Cada vez que realizamos una actividad nueva el cerebro genera circuitos neuronales, lo que modifica su estructura. Mediante la repetición podemos hacer que cualquier acción se convierta en un hábito, en algo automático.

Mientras mayor sea el número de tus actividades que se conviertan en hábitos automatizados, una mayor porción de tu cerebro podrá dedicarse a desarrollar funciones superiores. Este proceso de automatización en tu cerebro es parecido a entrenar un músculo: no es de un día para otro, se requiere de tiempo, compromiso y constancia.

El doctor Maxwell Maltz, en su libro Psico-Cibernética, demuestra que se requiere de un mínimo de 21 días ininterrumpidos para que una imagen arraigada en nuestra mente desaparezca y cuaje una nueva versión o forma vinculada. Trata de aplicar esta técnica en aquellas conductas que necesitas o deseas cambiar para mejorar tu calidad de vida.

Es por medio de la repetición diaria como tu cerebro crea nuevas conexiones, hasta que puedas replantearte todas tus ideas de forma automática y adquieras hábitos saludables, que te permitan disfrutar una vida plena.

EJERCICIO 

*Seguramente te gustaría integrar nuevos hábitos a tu vida, piensa en aquellos que quieres automatizar y que tu cerebro realice sin ningún esfuerzo para que te guíen hacia una vida más salu-*

Comienza a convertir esa actividad en un hábito, recuerda que los primeros 21 días serán los más difíciles, pero conforme pase el tiempo, la conexión o el camino se convertirá en una autopista y podrás disfrutar tu recorrido por ella. Mientras más acciones lleves a cabo de manera automática tu cerebro tendrá mayor espacio para ayudarte a realizar actividades nuevas o retos que antes veías imposibles de alcanzar.

Una forma de descubrir el gran potencial que tiene el ser humano, es darnos cuenta de los logros y méritos que las personas han realizado a lo largo de la historia de la humanidad. Piensa en las cualidades y poderes que has observado en otras personas, aquellos logros que admiras y que te sorprenden. Pueden ser artistas, empresarios, escritoras, atletas, científicas, doctores, periodistas, los grandes maestros y maestras que ha dado la humanidad o personas que conoces de tu presente.

EJERCICIO

Te invito escribir esas cualidades y leerlas en voz alta, mientras lo haces comienza a creer que esos mismos poderes y cualidades están en ti, ya que todos venimos de esa misma esencia, somos

En voz alta puedes decir "yo puedo" y mencionar cada cualidad y talento. Yo, puedo crear canciones, puedo escribir libros, puedo ser líder de un país, puedo tener éxito en mi empresa, etcétera. Lo importante es que descubras lo que eres capaz de lograr, el gran potencial humano que tienes, para comenzar a hacer los cambios necesarios.

¿Cuándo lograrás ver cambios en tu vida? Los caminos se tienen que abrir a diario, como cuando quitas la hierba en las veredas del monte. Los primeros días crecerá rápido y sentirás cansancio al quitarla, ya que cada día tendrás que volver a empezar; sin embargo, es así como se crean nuevos hábitos, a base de constancia y voluntad. Llegará el día en que no tengas que quitar la hierba del camino y puedas caminar más rápido y con mayor facilidad.

¿Cuál sería entonces el camino a seguir para alcanzar mi potencial humano? La respuesta está en explorar la fuerza de estos dos elementos: intuición y mente. La intuición nos lleva a conectar y escuchar la propia sabiduría interna y ancestral de tu Ser sabio, y la mente nos permite utilizar el poder de nuestros pensamientos para transformar con sabiduría la realidad.

Lo más importante es que al conectar con el Ser sabio podrás saber en qué momentos de tu vida debes priorizar entre el corazón y la mente.

El corazón y mente se encuentran al fin para hacernos
entender que no son excluyentes, sino parte importante de
nosotros, y deben trabajar al unísono para que alcancemos
nuestro mayor potencial humano.

# ESCUCHA TU INTUICIÓN

*Comprender es algo más que entender,
es abrazar, en el sentido físico y también
en el espiritual.*
*Octavio Paz*

Ahora que conoces a tu Ser sabio, aquel que observa y que tiene todas las respuestas del universo, tienes la opción de ver tu presente con tu mirada sabia o con tus ojos terrenales.

Tus ojos terrenales, junto con tu mente, están muchas veces contaminados por expectativas sociales y eso puede generarte problemas, miedos e inseguridades.

Cuando empiezas a mirar tu presente con una mirada sabia, empiezas a ver tu vida con una nueva perspectiva, desde la cual solo se ven soluciones, caminos y opciones. El Ser sabio busca constantemente comunicarse con nosotros para darnos esas respuestas.

Todos los seres humanos, en algunos o muchos momentos de nuestra vida, hemos contactado con nuestra sabiduría sin ser conscientes de ello. Estos momentos los podemos alcanzar cuando estamos en oración, meditación, observando la naturaleza, en soledad, en compañía de un ser querido, en el silencio, cuando reímos, mientras dormimos, cuando caminamos sin prisas... y en muchos otros momentos y actividades de la vida diaria en los que, sin darnos cuenta, podemos conectar con el *todo* y escuchar a nuestro Ser sabio.

Durante esa experiencia puede venir a nosotros una iluminación, podemos crear, intuir, conocer, comprender, sentir paz interior, encontrar una motivación o descubrir nuevos caminos.

¿Te ha sucedido? Pareciera que llegó la luz y se iluminó algo que no conocías hasta ese momento.

Muchas veces lo llamamos intuición: cada ser humano la posee y a veces se despierta con mayor fuerza en situaciones de incertidumbre o duda. Si empezamos a escucharla, descubriremos que nos brinda información relevante y nos puede sacar de situaciones complicadas. Ella es nuestra sabiduría ancestral, esa que todos los seres humanos tenemos.

Te invito a empezar a contactar con ella y conocerla mejor.

Mi voz interna me habla y yo escucho; mi intuición me muestra el camino y lo sigo.

De repente sentimos una fuerza dentro de nosotros que nos lleva a movernos, a actuar y hacer cambios en nuestra vida, a tomar decisiones. Nos movemos con la seguridad y confianza de que todo saldrá bien. ¿De dónde viene esa fuerza?, ¿por qué te sientes con tanta confianza?

*Una gran cantidad de energía invade mi cuerpo y me lleva a moverme hacia un nuevo camino desconocido pero maravilloso.*

También se manifiesta nuestra sabiduría mediante la creatividad; se despierta en nosotros como una luz en la mente que te permite fluir en la creación.

Esos momentos creativos que has tenido, cuando te llega una idea, una nueva forma de ver las cosas o encuentras una solución, significan que has conectado con tu Ser sabio, que has visto más allá de tus ojos terrenales y que la información está fluyendo en ti.

La puerta para acceder a nuestra sabiduría, a la intuición, a la motivación y al poder creativo, se abre únicamente cuando estamos conectados con nuestro presente.

Pareciera lógico pensar que todos vivimos en el presente; sin embargo, hay personas que reviven constantemente experiencias del pasado o construyen ilusiones del futuro, trayendo emociones y sentimientos a su presente, mismas que les impiden disfrutar la vida.

No es malo recordar o soñar, a lo que me refiero es a la cantidad de energía vital que te quitan esos recuerdos, esos planes, esos sueños... y lo más grave es que permites que te desconecten de tu presente, de este único momento... el ahora.

Aunque los recuerdos que tengamos sean alegres, éstos pueden traer sentimientos de tristeza, melancolía o hasta depresión por aquello que ya pasó.

Cuando nuestra mente se va al pasado, muchas veces puede traer la carga de la culpa, con la cual nos castigamos constantemente por alguna situación o experiencia vivida. Te conviertes en un verdugo contigo o con otras personas. También puedes sentirte víctima de las circunstancias, del destino, de la "mala suerte" o del actuar de otros.

La culpa o victimismo son resultado de la interpretación que damos de algo sucedido en el pasado. Es mejor transformar la culpa por responsabilidad. Toma decisiones que te lleven a actuar en el aquí y el ahora, asumiendo las consecuencias de acciones del pasado. Si las consecuencias no son agradables para ti o para otros, es momento de actuar con responsabilidad y hacer lo que sea necesario para mejorar las cosas.

Siempre encontraremos caminos y alternativas para que la situación presente mejore. Pregúntale a tu Ser sabio y él te mostrará la respuesta. Deja de culparte y de culpar a otros por lo vivido, deja de lamentarte por lo que ya fue y toma las riendas de tu vida, acepta y agradece lo que hay en ella y actúa en el presente para tener la vida que quieres.

La culpa me desconecta del presente e impide que actúe
y responda por las consecuencias de acciones pasadas.

Cuando nuestra mente viaja constantemente al futuro, se pueden generar emociones como la ansiedad o la preocupación, lo cual también implica un desgaste de energía al alimentar constantemente el "sueño" o "pesadilla" de lo que creemos que sucederá. En realidad, el futuro nos presenta un amplio abanico de posibilidades y opciones que dependen únicamente de la energía y atención que ponemos en nuestro presente.

Estar en el presente te permitirá contactar con tu Ser sabio y tomar las mejores decisiones en el aquí y el ahora.

Las decisiones se toman en el presente. El futuro es una
hoja en blanco y tienes en tus manos la tinta para escribirlo;
decide ahora qué quieres escribir y hazlo.

Si estamos en nuestro presente, en este lugar (aquí) y en este instante (ahora), tenemos la opción de sentir y permanecer si la situación es agradable y, si no lo es, poder movernos.

¿Eres feliz? Si al contestar esta pregunta, invariablemente volteas a ver al pasado o te trasladas al futuro o a lo que podría suceder, la respuesta está siendo contestada con tu mente y no con tu Ser sabio.

La felicidad se vive en el presente. No es una emoción, ya que podemos estar viviendo una situación dolorosa y sentir una paz interna y una gran conexión con nuestra esencia, lo cual nos llena de confianza y fe. Para mí eso es ser feliz.

Si tenemos contacto con niños pequeños, podemos observar que son seres conectados con su aquí y su ahora. Ellos viven su momento, están en contacto constante con lo que les dice su cuerpo, lo escuchan y buscan satisfacer sus necesidades fisiológicas y afectivas, viven sus emociones en el momento que surgen y las dejan fluir.

Aprende a observarlos y admirar su sabiduría interna, deja de meterlos a tu mundo de adulto, donde todo lleva implícito prisas, desconexión, pasividad. Ellos, igual que tú, necesitan que se respete su esencia, ser amados, escuchados, respetados, recibir una alimentación saludable, tener su cuerpo en movimiento, sueño suficiente, estar en un entorno estable, expresarse con libertad.

Todos hemos sido pequeños, sin embargo, al crecer nos alejamos de nuestra esencia, dejando de ver el entorno con ojos divinos y sabios. Nos volvemos ciegos. Es importante volver a observar el mundo como si fuera la primera vez, admirar lo maravilloso que es brincar, correr, llorar, dejar que cada día nos sorprenda. Aprende a reír como lo hacen los niños, porque la risa nos conecta con el presente; busca oportunidades y momentos para que puedas soltar una carcajada, ya que reír es liberador y sanador.

Nací sabio y pleno, crecí ciego y tonto, los años y las experiencias de vida me llevan a renacer y volver a ser niño, volver a ser sabio, volver a ser pleno, volver a ser yo.

Así es, la vida nos alejó de nuestra verdadera esencia, ahora es momento de regresar.

#  SILENCIA TU MENTE

*Si no puedes apagar tu mente a voluntad,*
*eres esclavo de tu mente.*
*Eckhart Tolle*

La mente es una máquina maravillosa que muchas veces no sabemos usar para nuestro beneficio y, como resultado de eso, la mente toma el control de nuestras vidas. Para lograr conectar con nuestro Ser sabio, tenemos que aprender a apagar y prender nuestra mente a voluntad.

Te invito a conectar con tu presente, a abrir tus sentidos a todo lo que te rodea, como si fuera la primera vez que todo eso está frente a ti. Como si fueras un bebé que acaba de nacer, asómbrate de las cosas que encuentres en tu aquí y ahora.

## EJERCICIO 

*Durante el día, cuando notes que tu mente te está dominando con pensamientos o emociones que te desconectan del presente, realiza dos respiraciones profundas y observa, escucha, siente... deja que todos tus sentidos te den información de tu aquí y ahora. Vive este momento con consciencia plena. Escribe la in-*

> El presente se vive cuando entramos en un estado elevado de consciencia; mientras no sea consciente seguiré viviendo ausente.

Si tienes pensamientos repetitivos y obsesivos que te impiden disfrutar del placer de vivir, si tu mente viaja al pasado constantemente, guardas resentimientos o te sientes ansioso por el futuro... es muy probable que tu mente esté tomando el control.

Esos pensamientos yo los comparo con virus en tu computadora: no tienes control sobre ellos, las ventanas se abren con voluntad propia y, por más que las cierras, siguen abriéndose una tras otra.

Estás en un momento de plenitud, tranquilo, a punto de dormir y, de repente, sin esperarlo, entra el virus a tu cabeza, se va directo a tus pensamientos y de ahí a tus emociones; comienzas a sentir angustia, tristeza, preocupación.

EJERCICIO 

Existe una fórmula para acabar con esos pensamientos y conectar de nuevo con el presente. En el momento en que llegue a ti ese pensamiento que te hace daño, vas a respirar profundamente y vas a "resetear" tu mente, como lo harías con tu computadora. Vas a decir tres veces la palabra *cancelar*.

Visualmente puedes imaginar cómo se borra o se tacha cada pensamiento. Luego, siente cómo una luz que viene del universo inunda tu cuerpo y tu mente y van llegando a ti frases positivas, de confianza y de agradecimiento, que empiezan a conectarte con tu Ser, con tu presente. Si empiezas a cambiar las frases negativas en tu mente por frases positivas y de agradecimiento, entonces podrás apagar fácilmente tu mente para conectar con tu Ser sabio.

*Ahora, escribe aquellas frases positivas o de agradecimiento que recibiste de tu Ser sabio al "resetear" tu mente.*

El agradecimiento es el camino que te eleva de la mente al espíritu.

Siempre tenemos cosas que agradecer, aún en situaciones desagradables o dolorosas. Esta técnica te va a ayudar a desaparecer esos pensamientos y transformarlos en algo maravilloso y lleno de luz. Podrás regresar al aquí y el ahora para disfrutar lo que la vida te regala en este único e irrepetible momento y vivir este instante como el único que existe, como si fuera el fin o la meta que siempre has buscado.

Disfruta comer, descansar, bañarte, leer... transforma todas tus actividades cotidianas en el único objetivo, como si fuera el momento culminante de tu vida o la única imagen o video que tendrás de lo que significa tu existencia. Ahora, ¡haz que este momento sea único y disfrútalo!

## EJERCICIO 

*Durante el día, cada vez que estés haciendo algo rutinario, estés con alguien o en soledad, descansando, comiendo, etcétera, vas a repetir varias veces como un mantra, en tu mente o con tu voz, la siguiente frase:*

"Este es el mejor momento de mi vida."

Al principio, tu mente te dirá que es una tontería, te dirá que hay mejores momentos del pasado, que este momento es incómodo o sin trascendencia. ¡Ignórala! No la escuches y vuelve a decir la frase hasta que sientas una conexión con tu presente.

¿Sabes por qué es el mejor momento? Porque es el único que existe.

A través de esta práctica, empieza el entrenamiento para apagar el interruptor de tu mente y abrir el canal de tus sentidos para empezar a disfrutar vivir.

Si mi presente es desagradable, ¿cómo puedo disfrutar mi aquí y mi ahora? Sabemos que hay situaciones de la vida que podemos modificar, y otras que no. Lo que sí está en tus manos, es elegir cómo percibes la realidad, la actitud con la que la vives y cómo actúas ante ella.

Una manera de lograr cambiar la percepción de la realidad y por lo tanto la emoción, es "engañar a tu mente" para que "piense lo que quieras que piense". Esta técnica queda muy clara en la película *La vida es bella*, donde en un campo de concentración de la Segunda Guerra Mundial un papá crea una historia de aventuras ante los ojos de su hijo, evitando la angustia o la tensión emocional que podría producir en él la situación.

Cuando cambiamos la historia en nuestra mente, dándole un giro inesperado, las células generan las reacciones químicas de esa nueva emoción que hemos decidido sentir en el presente.

Tienes el poder de "engañar a tu mente" y la libertad de elegir qué quieres pensar y cómo te quieres sentir.

Si hay algo que descubriste de tu presente que no está siendo agradable para ti, pregúntale a tu Ser sabio: "¿Cómo puede ser mejor este momento?". Y, sin pensar nada más, sin encontrar respuestas en tu mente, siente cómo una lluvia de energía amorosa y llena de luz ilumina todo tu interior y tu exterior. Una vez que lo sientas, sabrás qué hacer y cómo actuar.

Si quieres conocer tu presente, abre tus sentidos y recibe la información; si algo no te gusta de lo que percibes, muévete.

Al vivir cada momento como el mejor, te permitirá tanto disfrutar tus actividades cotidianas, como identificar aquellas actividades que te apasionan y que llenan tu Ser. Estas son aquellas en las que sentimos que el tiempo pasa volando, nuestra mente se apaga dejando a un lado pensamientos o preocupaciones y enfocamos toda nuestra energía al realizarlas, ya que implican un reto para nosotros.

A lo que sucede en esos momentos se le llama entrar en un "estado de flujo", según el psicólogo Mihály Csíkszentmihályi, autor del libro *Aprender a fluir*. "El estado de flujo es el hecho de sentirse completamente comprometido con la actividad por sí misma. El ego desaparece. El tiempo vuela. Todo tu ser está allí, y estás aplicando tus facultades al máximo."

EJERCICIO 

*El estado de flujo puedes alcanzarlo al realizar un deporte, una actividad artística, una tarea, al crear o inventar, al leer o escribir...etc. Identifica cuáles son aquellas actividades que te apasionan, en las que pones toda tu energía y atención, que disfrutas más el proceso que los resultados y que te llenan de una sensación de bienestar y escríbelas.*

Según Mihály, la felicidad se encuentra en el fluir y se alcanza cuando enfocas tu atención y energía en lo que haces en el presente, es estar completamente involucrado con cada detalle de nuestra vida, ya sea bueno o malo.

También nos dice que el camino más directo hacia la felicidad es descubrir lo que amas hacer en la vida y hacerlo con mayor frecuencia; también descubrir lo que te disgusta hacer y hacerlo menos. Para el autor, aún las actividades que menos nos agradan pueden llegar a ser placenteras si nos concentramos en cada una de las tareas que involucran, conocemos bien su proceso y ponemos atención a cada paso.

#  SI LO PIENSAS, EXISTE

*Nuestros pensamientos y sentimientos
afectan todos los aspectos de nuestra vida, más
allá del espacio y el tiempo.*
Joe Dispenza

Muchas personas al leer este libro pueden sentir que esto no es real o que no es para ellos. Pueden incluso decirme que han hecho ejercicios o leído mil libros y nada les ha funcionado. Esto sucede por creer o sentir, desde una parte profunda e inconsciente de su mente, que no lo merecen.

La mente, con todos sus pensamientos e ideas, la construimos desde pequeños, escuchando a nuestros padres, lo que dicen con sus discursos, lo que dicen con sus acciones, lo que observamos de cómo viven y, sin ser conscientes, lo que nos dicen que merecemos o no merecemos.

Merezco todo lo bueno, merezco toda la abundancia del universo, por la única razón de existir, por la única razón de ser.

Richard Bandler, creador de la Programación Neurolingüística, nos dice que las palabras que usamos tienen un impacto en nuestro cerebro. Al modificar el lenguaje que utilizamos a diario podemos cambiar las conexiones neurológicas y, como consecuencia, transformar nuestra forma de vivir.

Napoleón Hill, autor del libro *Piense y hágase rico*, nos habla del poder de la autosugestión. Cuando pensamos algo con verdadera fe, de una manera constante, y en nuestra mente podemos ver, oler, sentir o vivir aquel pensamiento como real, podemos cambiar la información que se encuentra en nuestro subconsciente y, por lo mismo, cambiar nuestras conductas y nuestra vida.

En cierto modo, la oración, los mantras y la meditación, más otras prácticas semejantes, tienen su eficacia debido a la autosugestión. Esto quiere decir que una persona toma el control de sus pensamientos y los encamina hacia lo que quiere, hasta convertirlos en realidad.

Por lo que la fe no es un elemento que debemos desechar tan fácilmente, por el contrario, puede ser la puerta que necesitas para aumentar el poder de tu cerebro.

El Buda Shakyamuni, Siddharhta Gautama, asegura que "somos lo que pensamos", lo cual nos lleva a observar nuestros pensamientos sin juzgarlos, para poder conocernos mejor.

El médico Deepak Chopra ha escrito libros sobre el poder de la mente, en los que nos dice que para nuestro cerebro es lo mismo recordar que vivir. La ciencia nos explica que las conexiones neuronales y sustancias químicas que se producen en nuestro cerebro son las mismas si estás pensando en una situación o si la estás viviendo. Por ejemplo, si te imaginas que estás chupando un limón podrías segregar las mismas enzimas salivares que si lo estuvieras haciéndolo en realidad. El ser humano es diferente a los animales por su pensamiento, sus recuerdos y su imaginación. Ahí radica nuestro poder.

"Tus palabras son tu varita mágica", dice la escritora Florence Scovel Shinn. Si entendemos el poder de la palabra, tendremos más cuidado al hablar y sabremos aprovechar esa varita a nuestro favor con inteligencia y sabiduría.

Es como si el universo fuera el genio de una lámpara, que cumple cada pensamiento que tienes o palabra que dices, como si fuera un deseo. El genio no entiende dobles sentidos ni bromas, él va a cumplir literalmente tus "deseos" y tus palabras se convertirán en realidad.

Debemos cuidar lo que decimos, leemos, las canciones que escuchamos y que cantamos, las frases que repetimos, ya que son estímulos que llenan nuestra mente de forma inconsciente con información sobre diversas realidades que son escuchadas por el genio de la lámpara.

*Haz un análisis de la información que llega a ti en el día a día y empieza a hacer cambios en tus conversaciones, en las noticias a las que accedes, programas o canciones. Escribe lo que descubriste al hacerlo.*

Las palabras e imágenes que repito en mi mente de manera constante se convierten en realidad.

# TUS CREENCIAS, ¿LIMITANTES?

*Me es fácil reprogramar mi mente. Toda la vida es cambio y mi mente siempre es nueva.*
*Louise L. Hay*

¿Quieres saber si tus creencias son limitantes o si te alejan de la abundancia y bienestar? La mejor forma de averiguarlo es observando tu forma de vivir y de actuar en la vida. Si no tienes la vida que quieres o no estás satisfecho con algún aspecto de ella, es momento de trabajar con tus creencias o programaciones.

El psiquiatra Eric Berne nos explica esto a través de la metáfora de los cuentos de hadas, en la que todos nacemos príncipes o princesas, nacemos triunfadores, espontáneos, intuitivos; sin embargo, nuestros padres y la sociedad nos van "hechizando" a lo largo de nuestra vida.

Se refiere al hechizo como el guion de vida que nuestros padres escriben para nosotros desde que nacemos. Con sus palabras y acciones pueden convertirnos en ranas, con mil inseguridades, miedos, fracasos, o permitir que sigamos siendo príncipes o princesas.

Lo maravilloso de esta metáfora es que no necesitamos a nadie para romper el hechizo, ya que es nuestra responsabilidad quitarnos ese disfraz. Somos los únicos capaces de romperlo y transformarnos en lo que queremos ser.

Berne nos dice que cada persona proyecta su propia vida. La libertad nos da el poder de generar nuestro propio guion. Para ello tenemos que escribir de nuevo, tirar lo que no sirva y agregar lo que faltó.

Tu destino está en tus manos. Tú tienes la magia suficiente para romper tus hechizos; lograrlo requiere de trabajo individual, de ser consciente y de actuar con responsabilidad.

En nuestra mente creamos la historia de nuestra vida: hay personas que eligen vivir una novela de tragedias y dramas, y todo lo que suceda en su vida lo ven a través de esa historia. Otras personas viven una novela donde son víctimas de las circunstancias y todo lo que sucede a su alrededor es en contra suya. También hay personas que escriben en su mente una novela de alegrías, abundancia y plenitud, y viven así cada día.

La mente puede crear guiones de vida maravillosos o trágicos de una misma situación o evento, y eso va a depender de los pensamientos y el significado que cada persona le da a esa experiencia. Si recuerdas un evento triste de tu vida, te darás cuenta de que puedes sentir de nuevo esa tristeza y, en algunos casos, te sentirás aún más triste que cuando sucedió en la realidad. De igual manera sucede con eventos alegres y excitantes: podemos recordarlos o imaginarlos, y nuestro cuerpo, a través de las sustancias químicas que segrega, puede sentirlo igual o hasta más intenso que el mismo momento en que lo vivimos.

Cada pensamiento que generamos o conducta que repetimos, crea una conexión neuronal en nuestro cerebro, incluso aquellas tóxicas o destructivas, que al ser repetidas o continuas crearán, más que un camino, una autopista en tu cerebro, lo que puede convertir esa conducta en un hábito tóxico, destructivo o un vicio. Si creas conexiones con conductas positivas y saludables, tu cerebro podrá crear los caminos o conexiones necesarias para formar hábitos saludables.

Cuando decidimos cambiar nuestras creencias limitantes o conductas tóxicas, al principio puede ser difícil, sin embargo, a través de la constancia y el esfuerzo, esos caminos serán cada día más fáciles de recorrer.

Es similar a aprender a manejar: empezamos a hacerlo de forma consciente y, después de mucha repetición, el cerebro crea las conexiones adecuadas para manejar de forma automática.

Muchas de las palabras y mensajes de nuestra voz interna o de voces externas, impactan en nuestra energía vital, pudiendo impulsarla o bloquearla. El psicólogo e investigador Isauro Blanco, en una clase magistral, refiere que muchos de los mensajes que recibimos del exterior pueden bloquear nuestra energía vital, fomentando el " tratar de" en lugar de hacer las cosas, el "complacer a los demás" y no actuar por nosotros mismos, el exigirnos ser "perfectos" en vez de aceptar que podemos equivocarnos, el "aguantar" las situaciones de la vida, en lugar de atender nuestras necesidades físicas o emocionales,  el "acelerarnos" en lugar de tomar las cosas con calma y vivir un día a la vez.

Una manera de transformar estos mensajes y aumentar la energía vital, es ser coherentes con nosotros mismos y con lo que sentimos, así como comunicar a los demás nuestras necesidades y sentimientos de manera asertiva.

Observa tu mente. Cada vez que pensamientos negativos y limitantes aparezcan, límpialos, cámbialos por pensamientos positivos, por aquello que quieres pensar y en cómo te quieres sentir.

¿Cómo quieres vivir tu vida?, ¿qué historia quieres contar de ella? Cuando sepas una respuesta a esa pregunta, empieza a repetir esa historia todo el tiempo, vive tu vida como si ya fuera una realidad.

Si entrenas tu mente, y encaminas tus pensamientos a la verdad y la sabiduría de tu Ser sabio, empezarás a vivir una vida llena de abundancia.

Haz conscientes los pensamientos que generas en tu vida, aprende a detenerlos, cancelarlos y transformarlos en aquello que quieres pensar.

Es importante que te escuches cada vez que hablas, ¿cómo describes tu situación económica?, ¿tu salud?, ¿las relaciones de pareja?, ¿a tu familia?, ¿cómo te hablas a ti mismo?, ¿cómo le hablas a los demás?

Si empezamos a creer y poner en práctica esto, podemos tener el control de nuestras palabras, de nuestros pensamientos, de nuestras emociones, de nuestra vida, y quitarnos el disfraz de ranas, para seguir siendo seguros, espontáneos, intuitivos y triunfadores.

Para lograrlo empieza a tomar consciencia de aquellas creencias y pensamientos limitantes que te impiden disfrutar de la vida o alcanzar tus metas. Muchas veces nos decimos a nosotros mismos o a los demás, frases como "así soy yo", "la vida es injusta", "lograrlo es muy difícil", "no lo puedo hacer", "siempre he sido malo para…", "ya me di por vencido", "soy pobre, pero feliz", "así son todos los hombres o todas las mujeres".

Algunas frases que repetimos o creencias que tenemos están relacionadas con la percepción de nosotros mismos y nosotras mismas, como nuestras capacidades, éxitos, recursos; otras se refieren al mundo que nos rodea, como la economía, las relaciones interpersonales, las enfermedades.

Para convertir una creencia limitante en una verdad divina te propongo seguir estos pasos:

EJERCICIO

*Escribe aquellas frases que consideres que te están desconectando de tu Ser sabio y de recibir todo lo bueno que el universo tiene para ti. Pueden ser frases que te decían de pequeño, aquellas que te dices a ti mismo constantemente o en momentos difíciles, frases que repites en tus reuniones o a tus hijos, canciones o refranes que pareciera que escribieron para ti y que te alejan de la plenitud.*

*Escoge una creencia, la que consideres que se repite en las frases que escribiste o que te esté afectando o limitando más en tu vida. Ahora reflexiona sobre qué te limita o cómo te afecta. Recuerda que tus padres y educadores hicieron lo mejor que pudieron: te compartieron las ideas que recibieron y actuaron según sus creencias. Cada "hechizo" y creencia ha surgido de una historia de vida, ya sea nuestra, de nuestros padres o de nuestra cultura o tribu; nace de experiencias de vida, de miedos, de dolores, y en algún momento consideraron que cumplía una función, que nos "protegía" o nos evitaba el sufrimiento. Este ejercicio no*

*se trata de juzgar su actuar o los "hechizos" que pudieron ocasionar en nosotros, se trata de reconciliarnos con ellos, aceptarlos, respetarlos y amarlos, para liberarnos y romper los hechizos.*

## ☀ RECONCILIARTE CON ELLAS.

"Acepto a mis padres, a mis educadores, a mi tribu, como son, los respeto, los amo, los honro, soy uno mismo con ellos... Agradezco todo lo que dejaron en mí, porque me permite hoy tomar el control de mi vida y liberarme de aquello que creía que era, para encontrarme con mi verdadero Ser."

## ☀ CUESTIONARLAS Y ELIMINARLAS.

*Ahora es momento de desafiar esas creencias y destruirlas. Para lograrlo, primero necesitas cuestionar cada una: ¿es real?, ¿es inamovible?, ¿es irrefutable?, ¿siempre es igual?, ¿podría ser de otra forma? Escribe cualquier idea que le quite fuerza hasta que puedas sentir cómo se va borrando y eliminando.*

*Al cuestionar y eliminar una creencia, la mente comienza a hacernos jugarretas: no sabes qué creer o qué es real de todo lo que suponías, entonces se crea un espacio vacío que necesita ser llenado.*

# ☀ ENCONTRAR LA VERDAD DETRÁS DE LA CREENCIA.

*Cuando hacemos consciencia de esto, el espacio se llena de luz; ahora podrás ver con ojos sabios lo que escondía esa creencia y por qué era limitante para tu vida. En ese momento encuentras la verdad divina que llena ese espacio vacío, aquella que no puede ser cuestionada, ya que viene de la sabiduría del universo.*

Cuando la mente elimina una creencia limitante, se crea un nuevo espacio lleno de luz en donde se encuentra la verdad divina del universo.

*Ahora vas a cambiar esas creencias limitantes por palabras llenas de sabiduría, que provengan de tu Ser sabio, que sean positivas y amorosas hacia ti. Ellas te van a acercar a la verdad divina. Escríbelas y ponlas en un lugar visible para que puedas leerlas durante el día, cada vez que las leas, tu mente empezará a creer que son verdad.*

# 11 TU SER PODEROSO

*Si se limpiaran las puertas de la percepción,*
*todo aparecería al ser humano como es: infinito.*
*William Blake*

Ahora que te has quitado esos disfraces o hechizos, es más fácil para ti conectar con tu Ser sabio, aquel que tiene la verdad del universo. Puedes ver tu presente con tus ojos llenos de sabiduría y empiezas a notar que mucha información llega a ti. Te das cuenta de que, cambiando la perspectiva, tu presente puede cambiar y puede ser cualquier cosa que desees.

Todo el poder necesario para transformar el exterior está en mi interior.

Ya eres quien observa, ya tienes esos nuevos lentes, esa mirada sabia, ya puedes ver lo que antes no veías y que siempre ha estado ahí. Sin embargo, el poder se manifiesta cuando actuamos, cuando utilizamos esta nueva información para movernos y hacer cambios.

Para lograrlo te invito a hacer el siguiente ejercicio en un lugar tranquilo y en una posición cómoda.

# MEDITACIÓN 

Imagina que tu Ser sabio, desde lo más lejano del universo, observa a tu ser humano. Ambos se miran y se reconocen, en ese momento tu Ser sabio se va acercando poco a poco a tu cuerpo físico, hasta fusionarse y convertirse en uno mismo.

En ese momento se crea tu Ser poderoso, capaz de solucionar cualquier situación de tu presente, ya que tiene la sabiduría del universo además del cuerpo y mente que necesita para actuar en este mundo.

Repite las siguientes frases:

"Confío en mí y en lo que soy. Confío en el gran poder que poseo, el cual viene del universo y me permite lograr cualquier cosa."

"Las respuestas van llegando a mí, los caminos se van iluminando. Tengo el poder y la libertad de decidir lo que quiero ser, pensar, sentir y lograr en mi vida. La tranquilidad y la confianza me acompañan: mi sabiduría guiará mis pasos hacia un lugar lleno de abundancia y amor infinito."

Ahora que sabes, que eres un Ser poderoso y confías en quién eres y en lo que puedes crear en tu realidad, imagina tu nuevo presente: ¿cómo es ahora tu vida? ¿Qué observas en ella? ¿Con quiénes estás? ¿Cómo son tus relaciones? ¿Qué actividades disfrutas?

Regresa poco a poco a este espacio y a este tiempo, en el que podrás utilizar toda la sabiduría y poder que existe dentro de ti, para tomar mejores decisiones y actuar hacia tu propia evolución.

A partir de ahora podrás entrenarte para realizar este ejercicio cada vez que lo necesites: cuando sientas incertidumbre, dudas o temor ante una situación del presente, podrás convertirte en ese Ser sabio, que observa todo desde otra perspectiva.

Serás primero observador u observadora, para después fusionar tu Ser sabio con tu humanidad y convertirte en el *todo*. Recuerda que esa es la única manera de transformarte en ese Ser poderoso que, utiliza su intuición y su mente en equilibrio, que tiene la respuesta a todas las preguntas y que actúa sabiamente.

EJERCICIO

*Escribe tu nuevo guion de vida, puedes poner algunas imágenes que te permitan visualizar con mayor claridad lo que has decidido ser, pensar, sentir y lograr. Describe en presente y en primera persona tu salud, tu prosperidad, tus relaciones, tu vida profesional. No olvides que el poder está en ti.*

Cuando nuestro Ser poderoso actúa, descubrimos que somos capaces de lograr y ser cualquier cosa, y que toda la abundancia del universo llega a nosotros fácilmente.

Cuando mi Ser sabio, el observador, me da información y comienzo a actuar, a moverme hacia la luz, cobro poder.

# CAMBIA TUS REACCIONES

*Tal vez no haya habilidad psicológica más esencial que la de resistir al impulso.*
*Daniel Goleman*

Cada pensamiento que llega a tu mente va a tener un efecto inmediato en tu cuerpo, pues éste genera químicos o neurotransmisores como la adrenalina, dopamina, oxitocina y cortisol, relacionados en buena medida con el estrés o, por el contrario, con la relajación y sentido de bienestar. A esas reacciones químicas que produce nuestro cuerpo las llamamos emociones.

Nuestras emociones, vinculadas con los químicos que segregamos, van a reaccionar a esa historia o guion que nos contamos sobre cada experiencia de vida y, por consecuencia, vamos a empezar a sentirnos alegres, tristes, enojados, según el tema de cada historia.

Las emociones, son parte importante de nuestra humanidad, es imposible e inútil escapar de ellas. Sin embargo, lo que sí podemos lograr es evitar esclavizarnos a ellas y que controlen nuestra vida.

Primero, tenemos que entender que no hay emociones buenas ni malas, ya que una de sus principales funciones es lograr la supervivencia del ser humano. El miedo tiene el objetivo de protegernos o alejarnos de algo que puede causarnos un daño o ponernos en peligro; el enojo puede ayudarnos a marcar límites con los demás; la tristeza, a reconocer nuestra vulnerabilidad y solicitar apoyo, ternura o cariño; la alegría nos ayuda a acercarnos a ese estímulo agradable y buscar ambientes estables, etcétera.

Cuando las emociones no fluyen saludablemente y nos van dejando heridas que no cicatrizan y sanan, pueden convertirse en emociones que lastiman y enferman a las personas. Entonces, el miedo se convierte en fobia, la tristeza en depresión, el enojo en agresividad. El cuerpo empieza a enfermarse y nuestras acciones pueden ser destructivas tanto para nosotros como para los demás.

La forma más sencilla de saber si reprimes una emoción es observando tu cuerpo: es sabio y va a empezar a manifestar dolores, enfermedades, cambios en tu energía, en tu digestión, en la calidad de tu sueño o en tu forma de alimentarte.

Artículos publicados por la Clínica Mayo, dedicada a la investigación científica, aseguran que el aumento de las hormonas del estrés, como el cortisol, altera casi todos los procesos del cuerpo y afecta la salud tanto física como mental.

La sobreexposición a estas hormonas, al estar la persona en un estado constante de estrés, podrían generar que las defensas del cuerpo bajen, aumente la presión arterial, la absorción de alimentos se modifique, surja un desequilibrio de azúcar en la sangre, sientas fatiga, se altere el ciclo del sueño, la piel luzca cansada, tenga desbalances de la tiroides o padezca depresión. Cuando encontramos el equilibrio emocional en nuestra vida, podemos bajar los niveles de estrés y ver las situaciones desde nuevas perspectivas.

A través de las emociones, conecta de nuevo con tu cuerpo y apaga tu mente. Pregúntate: ¿en qué parte de mi cuerpo está la tristeza, la alegría, el enojo (o la emoción que estés sintiendo en este momento)? Luego, puedes conectar con esa parte de tu cuerpo y escuchar lo que te está pidiendo a través de tu emoción, a través de la incomodidad, el dolor o lo que sea que esté sucediendo en él.

Para evitar que las emociones te controlen o manejen tu vida, y para que puedas tener la libertad de decidir cómo te quieres sentir, es necesario trabajar con la información que te da tu presente a través de tu cuerpo y de tu respiración.

Medita, habla con esa parte de tu cuerpo que está enviando un mensaje y pregúntale qué emoción está ahí, qué necesitas hacer para desactivarla y que todo fluya saludablemente. La información que te llegue es importante y valiosa en su totalidad; escucha con atención.

Acepta amorosamente cada emoción que llega a tu vida viviendo tu presente, entendiendo que la emoción es un conjunto de reacciones químicas que se generan en tu cuerpo y que se activan por un pensamiento consciente o inconsciente, el cual proviene de experiencias del pasado o expectativas del futuro.

Conócete a ti mismo, siente tu cuerpo, observa las emociones que surgen y permíteles fluir saludablemente.

Tenemos que tener claro que existe una diferencia entre lo que sucede en la realidad, lo que interpretamos de ella y cómo reaccionamos ante la misma. Si no tenemos conocimiento de nuestras emociones podemos confundir la sabiduría de nuestra intuición con la reacción a un pensamiento de la mente.

El psicólogo Daniel Goleman en *La inteligencia emocional*, expone que tenemos tres ventanas de oportunidad para cambiar nuestra vida. La primera, es cambiar la realidad: a veces, está en nuestras manos hacer cambios y tomar decisiones diferentes, sin embargo, no siempre es posible lograrlo.

Cuando no es posible, tienes la segunda ventana, que es cambiar la interpretación que le das a la realidad. Siempre podemos ver algo positivo en lo negativo, darle la vuelta a aquello que está mal y ver el otro lado, donde seguramente encontraremos un tesoro escondido.

La tercera oportunidad que tienes, es la de cambiar tu reacción ante esa realidad, elegir cómo la quieres vivir, cómo vas a actuar, cómo te quieres sentir.

Para empezar a tener ese control sobre lo que queremos sentir o cómo queremos vivir nuestra vida, vamos a explorar esas tres ventanas de oportunidad, para disminuir la tensión emocional.

Goleman nos dice que esa tensión no la ocasionan los eventos que suceden en nuestra vida, sino en cómo reaccionamos a ellos y muchas veces es la causante de enfermedades físicas y psicológicas.

## EJERCICIO

*Escribe una situación de tu presente que te está ocasionando tensión emocional o un malestar. Explora la primera ventana de oportunidad. ¿Puedes hacer algo para cambiar esa situación, para cambiar la realidad? ¿Cómo?*

*Segunda ventana. ¿Puedes cambiar la percepción que tienes de esa situación?, ¿puedes darle la vuelta para encontrar algo mejor?, ¿puedes ver el tesoro escondido en esa situación? ¿Cómo lo harías? Tercera ventana de oportunidad. ¿Puedes cambiar la forma en la que reaccionas a esa situación? ¿Cómo lo harías?*

Algunas situaciones podrás cambiarlas en la primera ventana y no tendrás que explorar las demás: si modificas la situación, te mueves, tomas decisiones o cambias el camino.

En otras, no podrás cambiar la realidad, pero cambiarás tú. Cambiarás tu mirada por una mirada sabia, donde todo tiene un para qué y donde cada situación tiene muchos lados para mirar y cambiar de perspectiva.

Hay también situaciones en las que tendrás que explorar la tercera ventana y cambiar tu reacción, tomando el control de tu mente y de tu cuerpo, para sentirte como te quieres sentir y actuar como quieres actuar.

Cuando logres el poder de cambiar tu realidad, cambiar tu perspectiva de ella o modificar tus reacciones ante ella, tus emociones dejarán de controlar tu vida y te volverás el observador sabio que entiende que esa emoción tiene un origen en su mente y en sus experiencias del pasado, para empezar a vivir la realidad emocional que desea.

Muchas veces la vida nos presenta situaciones dolorosas, tanto físicas como emocionales, que en ocasiones son imposibles de cambiar, eso es inevitable. Ese dolor siempre viene con un mensaje, algo que tenemos que modificar o transformar, como si se tratara de un mensajero que viene a enseñarnos algo.

Encontrar un sentido en la experiencia dolorosa, una razón de su existencia, es encontrar el "¿para qué?". Si ante la situación dolorosa te preguntas por qué, te estás transportando al pasado, desconectándote de nuevo de tu presente, encontrando culpables o deslindándote de las causas. Si te preguntas para qué, estás dándole un sentido a lo vivido. Estás en tu presente transformando la experiencia dolorosa en aprendizaje.

Cuando a ese dolor, que es inherente a nuestra condición humana, no lo dejamos sanar y por el contrario lo estamos recordando y volviendo a vivir, es como una herida que te tocas todo el tiempo, se infecta y se vuelve aún más dolorosa. A eso le llamo sufrimiento. Es no permitir que cicatricen tus heridas emocionales, es dejar que el dolor te invada más y más, es dejar que te defina ese dolor, que se vuelva parte de tu identidad.

Los autores Rick y Forest Hanson, nos dicen que la capacidad de afrontar la adversidad y encarar los desafíos en nuestra búsqueda de oportunidades, se llama resiliencia. Esta capacidad nos ofrece mucho más que superar pérdidas o traumas, ya que fomenta el bienestar, una sensación básica de felicidad, amor y paz.

Tú tienes esa capacidad de superar aquellas situaciones difíciles que te han tocado vivir y salir con mayor fuerza de ella. Cada experiencia difícil o dolorosa que has tenido en tu vida te hace más fuerte y resistente, te llena de aprendizajes y sabiduría.

No hay situación, por más dolorosa que sea, que pueda superarte.

El Buda Shakyamuni (Siddharta Gautama) descubrió que el sufrimiento no es causado por eventos externos, infortunios, injusticias, sino que se crea en nuestra propia mente. Ya sea que vivas experiencias placenteras o dolorosas, es la mente la que no está nunca satisfecha, deseando mantener o intensificar el placer o escapar del dolor. Él descubrió que podemos salir del ciclo vicioso del sufrimiento cuando la mente percibe las cosas tal y como son, sin interpretaciones.

Estar presente en el aquí y el ahora, poner atención plena a lo que vivimos, aceptar la experiencia como es, o actuar cuando es necesario, nos permite vivir nuestra vida lejos del sufrimiento y cerca de la iluminación.

Pase lo que pase hoy, en este momento de tu vida, ten la seguridad de que tú vas a estar bien, ya que estás eligiendo llenarte de poderosas emociones y de energía de vida. Es momento de tomar el control de tu mente y elegir vivir en bienestar.

EJERCICIO 

*Escribe ahora ¿Cómo eliges sentirte el día de hoy?*

TERCERA PARTE

# ENCUENTRA EL EQUILIBRIO

# 13 LAS LLAVES DE LA ABUNDANCIA

*Dios puede darles a ustedes con abundancia, toda clase de bendiciones, para que tengan siempre todo lo necesario y además les sobre para ayudar a otros.*
*Corintios 9:8*

Si partimos de la idea de que el *todo*, es infinito, no tiene límites y que en él se encuentra la fuente abundante del universo, podemos entender que todo lo que existe tiene la tendencia innata a manifestarse, ser más y ser mejor.

El ser humano está diseñado para vivir en abundancia, para disfrutar en armonía de toda la creación, para desarrollar su cuerpo, su mente y su espíritu.

¿Cómo puedes acceder a ella, si tu vida está llena de pobreza, enfermedad y soledad? Cada persona recorre su propio camino hacia la luz conforme se libera de sus creencias limitantes y encuentra la verdad divina. Ahí podrás acceder a la abundancia del universo.

En el universo creador no hay límites, y con tu poder puedes acceder a la abundancia que te ofrece.

Para poder empezar el camino hacia la abundancia y disfrutar de todo lo que el universo tiene para ti, te voy a compartir unas llaves muy poderosas, capaces de abrir la puerta de la abundancia en tu vida: Agradece, visualiza, actúa y confía.

# AGRADECE

La primera llave es el agradecimiento. Cuando agradeces, tu mente se enfoca en lo positivo, en lo que tienes y no en lo que careces, ya que puedes mirar con tus ojos sabios todo lo que está creándose para ti.

El agradecimiento entrena a tu parte mental y te conecta con tu Ser sabio.

¿Qué voy a agradecer, si mi vida es pobre y desdichada? Yo te diría que primero agradece tener vida, pues es el primer regalo que recibiste hoy, es el regalo que sigues recibiendo y que recibes en este instante mientras lees o escuchas esto. Es real, y es tu aquí y tu ahora.

Mientras agradeces este instante de vida, contacta con tu cuerpo: ¿qué sensaciones tienes en él?, ¿puedes mover alguna parte que lo integra?, ¿puedes ver?, ¿puedes escuchar? Lo que sea que encuentres en tus sensaciones... agradece.

Cuando entrenamos nuestra mente para ver en cada rincón algo que agradecer, empezamos a vivir una vida llena de abundancia divina.

*Escribe todo lo que agradeces el día de hoy en tu vida: salud, familia, una casa, comida, sin juzgar si es bueno o malo... simplemente llenando tu corazón de agradecimiento.*

# VISUALIZA

Es tiempo de que tus ojos terrenales se cierren, para abrir tus ojos sabios y utilizar la siguiente llave: la visualización. Para ello tienes que contactar con tu Ser sabio: imagina que es más grande que tu cuerpo, que eres tú mismo y que desde lo alto tiene una mayor visión de la que tienen tus ojos terrenales, y pídele que te muestre la abundancia que está ahí para ti.

Visualiza con tus ojos sabios todo lo que hay en el universo y que tiene tu nombre, no es algo que debas quitarle a nadie, es algo que se está creando especialmente para ti: una casa, un viaje, salud, una relación de pareja... todo lo que tu corazón anhela está ahí para ti. Hay muchas cosas que ve tu Ser sabio que te pertenecen y que en "apariencia" no están ahora en tu vida; sin embargo, si empiezas a visualizar y agradecer por aquello que está llegando a ti, las "apariencias" comenzarán a transformarse y empezará a manifestarse en tu vida aquello que agradeciste antes de "tener".

Cuando lo veas, agradece porque está ahí, porque se está creando, porque es para ti, y siente en tu corazón la alegría de recibirlo.

Te sentirás en armonía y bienestar en cada instante de tu vida porque tienes mucho por agradecer, y entonces tu Ser sabio comenzará a mostrar a tus ojos terrenales lo que ha visto con sus ojos llenos de sabiduría, verás gente nueva, nuevas oportunidades, nuevas puertas que se abren. Recuerda que todo lo nuevo y maravilloso que ves ahora en tu vida, en realidad siempre ha estado ahí.

Pensar que tenemos un cuerpo saludable a pesar de que nuestra visión humana nos muestre lo contrario, puede ser el primer paso hacia la sanación. Esto requiere de mucho camino, y no digo que sustituya los tratamientos médicos; sin embargo, existe el efecto placebo y el poder de la mente es capaz de aumentar las defensas de nuestro cuerpo, aumentar la energía y mejorar nuestra salud.

Cuando tenemos un pensamiento competitivo o envidioso y enfocamos nuestra energía en lo que hacen los demás, sus éxitos o fracasos, su forma de vivir o pensar, nos estamos alejando de la abundancia del universo. En realidad, la competencia no existe en ningún negocio o actividad, ya que para cada uno de nosotros el universo crea un sinfín de oportunidades.

Visualízate con un cuerpo saludable y agradece:

 Agradezco que mi cuerpo posee la sabiduría necesaria para protegerse, curarse, sanar y regenerarse.

Agradezco la salud que se está manifestando en mi cuerpo, así como la energía y vitalidad que tiene.

Mi cuerpo es perfecto, ya que es la manifestación de mi esencia divina.

Ahora visualiza la prosperidad económica en tu vida y las oportunidades que se presentan frente a ti y agradece:

 Agradezco por la prosperidad económica que se manifiesta en mi vida, pues soy una persona productiva y el dinero llega a mí de manera abundante a través de la creatividad y sabiduría con la que actúo cada día.

Gracias al dinero puedo desarrollar mejor mi mente, mi cuerpo y mi espíritu, y el de las personas que me rodean.

Por último, visualiza las relaciones interpersonales que tienes en tu vida, relaciones llenas de aceptación, respeto y amor:

 Agradezco el amor y presencia de las personas en mi vida, que me permiten aprender y autoconocerme.

Tengo relaciones saludables, que suman a mi vida, pues nos respetamos y aceptamos.

## EJERCICIO 

*Escribe en primera persona y en presente las frases que necesites y redáctalas como si ya lo tuvieras en tu vida, luego ponle alguna imagen que te ayude a visualizar mejor cada frase que has creado.*

Aunque tus ojos terrenales no lo vean, deja que tus ojos sabios contemplen todo lo que es tuyo por derecho divino.

Recuerda que nuestra mente construye la vida que vivimos. Empieza a agradecer la vida que mereces como si ya estuvieras viviéndola.

##  ACTÚA

La tercera llave viene sola. Al agradecer lo que tienes y visualizar lo que mereces, empiezas a ver con tus ojos sabios las puertas que están frente a ti, y puedes utilizar la tercera llave para abrir la puerta que tu sabiduría te indica. Esta llave te invita a actuar con voluntad y confianza hacia tus objetivos visualizados, tomando decisiones adecuadas y sabias. Te llena de motivación, seguridad y pasión para moverte hacia el lugar en el que quieres estar.

La voluntad emana de tu cuerpo físico y te conecta con tu Ser poderoso.

## EJERCICIO 

*Escribe las nuevas decisiones que has tomado, esos caminos que has decidido empezar a andar, esas acciones que te dice tu sabiduría que es momento de ejecutar.*

Traza el camino hacia aquello que visualizas y camina.

# CONFÍA

La última llave es la confianza o fe, no limitada al concepto de creencia ferviente hacia una religión o a un ser en específico, sino a aquella que se activa cuando tienes confianza en lo que en realidad eres y en la esencia de la que provienes. Confías en tu capacidad, tu talento, tu luz y tienes fe en aquello infinito a lo cual perteneces.

Florence Scovel Shinn, dice que la esperanza nos hace mirar hacia el futuro, en cambio la confianza o "fe activa", nos da la certeza de que ya se ha recibido, por lo que actuamos, preparándonos para recibir aquello que pedimos.

Es el momento de soltarte, de dejar que las cosas fluyan,

que tomen su camino, es momento de dar ese salto de fe. Si aún encuentras algo que te angustia, da miedo o preocupa, significa que es momento de recuperar de nuevo la confianza.

Imagina que estás caminando y que el camino está oscuro. No sabes lo que viene en cada paso, así que cierras los ojos y avanzas. Sientes que alguien te acompaña, que hay una presencia divina y sabia que guía tus pasos y te dice que todo lo que está ahí para ti es maravilloso. Confiarás en cada paso que das, ya que lo darás con certeza de que estás protegido y seguro.

*Recibirás agua abundante que cae del cielo, que moja todo tu Ser y lo inunda de prosperidad, salud y plenitud.*

Sigue caminando, no te detengas, ya que el movimiento es vida, y los que caminan a pesar de la incertidumbre obtienen grandes recompensas.

## EJERCICIO 

*Ahora transforma tus miedos en frases positivas de autoconfianza y de entrega al universo. Crea tu propia frase o afirmación que te llene de confianza, de seguridad, y escríbela*

Te dejo dos frases que llegaron a mi vida en momentos de conexión y que me han ayudado a seguir manteniendo viva mi fe. Estoy segura de que encontrarás tu propia frase.

Confío en mis pasos, protegida estoy. Me pongo en manos de mi Ser sabio, confío en su amor.

Entrena tu mente para cambiar la forma con la que percibes la salud, la riqueza, las relaciones personales y los éxitos de tu vida. Si miras tu presente con agradecimiento y visualizas lo que quieres como si ya lo tuvieras, tu Ser poderoso puede dirigir tus pasos para caminar con confianza hacia la abundancia.

# TODO LO QUE DAS, REGRESA A TI

*Dar es lo que abre la puerta para recibir.*
*Florence Scovel Shinn*

En la vida hay momentos para dar y momentos para recibir. Cuando conectamos con nuestro Ser sabio, podemos saber cuándo se dan esos momentos y fluimos con el universo.

Cuando tienes un pensamiento positivo sobre alguien, un impulso o inquietud por ayudar, tu voz interior te dice que brindes un "regalo", como una sonrisa, un abrazo, una propina, un obsequio, unas palabras, invites la cena, des las gracias, envíes buenos deseos o bendiciones; seguramente tu Ser sabio te está avisando que es el momento de dar.

Entrega eso que te pide el universo, da ese "regalo", dile a esa persona lo que piensas, aunque hace mucho que no hables con ella. Agradece a quien te atendió hoy, bendice a aquel que no fue amable contigo...

Tu sabiduría interna solo te puede pedir que des cosas buenas, todo lo bueno es para ti y también es para los demás.

Abundancia para mí significa abundancia para todos.

Tu Ser sabio te guiará para que sepas cuándo te corresponde dar y cuándo es momento de recibir.

Si recibes un regalo inesperado, alguien te dice un halago, alguien te invita o desea compartir algo contigo que sea bueno para ambos, tienes que estar preparado o preparada para recibir. No le quites a las personas la oportunidad de dar y agradece que tienes la oportunidad de recibir.

Nunca podrán quitarte algo, robarte o hacer que pierdas algo; simplemente se movió hacia otro lugar. Si mantienes tu fe, agradeces y tomas decisiones sabias, algo mejor vendrá para ti. Cambia los pensamientos de pérdida o de victimismo por fe y confianza de que vendrá a tu vida algo mejor.

Dentro del equilibrio que el universo te pide, está en primer lugar el amor que sientes hacia ti y los regalos que te das cada día. Una vez alimentado tu interior, el amor seguirá brotando como agua abundante hacia los que te rodean.

Lo que doy a los demás regresa a mí como lluvia abundante; lo que me niego a dar, se irá de mis manos como agua que fluye hacia otro destino.

El universo es un constante fluir, cosas vienen y cosas van, todo es bueno para cada ser porque somos uno con él, porque somos el mismo universo. Esos "regalos" que das cada día a los demás pueden ser, por ejemplo, una sonrisa, un abrazo, un beso, un espacio para escuchar, un tiempo de calidad, una palabra afectuosa, un acto de servicio, un obsequio especial, una mirada, un gracias.

De igual manera que das, también estás recibiendo regalos de la vida, de la naturaleza, de tu cuerpo, de las demás personas; sin embargo, pocas veces abrimos los ojos para observarlos y agradecerlos.

## EJERCICIO 

*Antes de dormir, analiza tu día y escribe aquellos regalos y bendiciones que recibiste el día de hoy y aquellos que les diste a los demás.*

Este ejercicio puedes hacerlo cuando termine el día, durante una semana o hasta que sientas un equilibrio entre lo que recibes y lo que das. Recuerda que estás entrenando tu mente y, al principio, te puede dar trabajo reconocer esos regalos. Conforme lo trabajes va a ser más fácil para ti.

La vida es un equilibrio perfecto entre lo que viene y va, entre lo que das y recibes. Si no te gusta lo que recibes, es momento de cambiar lo que das.

# 15 TU CUERPO SABIO

*La enfermedad es el lugar donde se aprende.*
*Blaise Pascal*

El cuerpo humano es la máquina mejor diseñada y su tendencia siempre está dirigida a la salud y a su regeneración. Mientras te encuentres conectado con tu Ser sabio, tu mente mantendrá pensamientos positivos, llenos de agradecimiento y abundancia, por lo que tu cuerpo se liberará del estrés y cada una de tus células, las cuales obedecen a tu mente, van a generar procesos químicos que las protejan y que las regeneren.

*Mi esencia es perfecta, por lo tanto, mi cuerpo es perfecto.*

La enfermedad puede surgir como una consecuencia de no escuchar tu sabiduría o intuición. Tu mente toma el control y te desconectas del presente, las emociones te dominan, generas químicos, como el cortisol, que dañan tus células. Tu cuerpo empieza a degradarse y a enfermarse. Una vez desconectado, las decisiones que tomas no son decisiones sabias y, por lo tanto, van en contra de ti mismo, de ti misma.

La alimentación, el sueño, el movimiento, son parte importante de tu equilibrio, son el alimento de tu cuerpo, y cuando no escuchas a tu cuerpo, empieza a aparecer lo que llamamos "enfermedad".

El autor Ruediger Dahlke, en su libro *La enfermedad como símbolo*, nos dice que las enfermedades simbolizan misiones y no castigos: "El cuerpo es nuestro maestro más sincero, y si dejamos que nos hable y enseñe, tendremos al terapeuta más honesto que nos acompañará en cada paso por la vida". Las enfermedades tienen misiones específicas, y mientras éstas no se cumplan, van a seguir ahí y nos pueden llevar hasta la muerte si no las escuchamos.

Las enfermedades son llamadas de atención que pueden estar relacionadas con situaciones emocionales, afectivas o ambientales, que te llevan a dejar de darle a tu cuerpo la atención y respeto que requiere.

Escucha a tu cuerpo cuando sientas cansancio, tengas algún dolor, te falte energía o suceda cualquier cambio que sientas. Tienes que estar atento a lo que te está diciendo. Escucha lo que te dice tu cuerpo y actúa sabiamente hacia donde te indica.

Ve hacia donde te dirige tu Ser sabio, alimenta tu cuerpo saludablemente, dale el descanso que necesita, ámate cada día con aquellas actividades que disfrutas, ten tiempo de ocio, algún hobby, ríe, pon tu cuerpo en movimiento. Descubre cómo empiezas a vivir en abundancia de salud y recíbela con agradecimiento.

Para lograr un cuerpo sano tenemos que partir de nuestra aceptación positiva e incondicional; aceptarte tal cual eres, sin juzgar nada de tu físico actual, es un paso necesario para llegar a sentir por ti un amor infinito.

La realidad es que la cultura y los medios de comunicación nos incitan constantemente a despreciar nuestros cuerpos. Crecimos bajo un enorme bombardeo del mensaje de despreciar nuestro cuerpo y ser "perfectos": líneas de expresión, acné, celulitis, estrías, barriga, vello corporal son algunos de los "defectos" que la publicidad, redes sociales y medios nos "invitan" a cambiar o modificar.

Existen actualmente movimientos que defienden el derecho a la diversidad corporal y la salud, como el *body positive*. La top model Jennifer Barreto-Leyva, pionera en el mundo de las "tallas grandes", explica en un artículo lo que es el movimiento: "Se trata de visibilizar lo que se ha escondido y querido tapar por décadas, las realidades del cuerpo humano y del ser humano... este movimiento no es para glorificar nada, se trata de concientizar el respeto hacia el otro, luzca como luzca y sea quien sea, punto".

Este rechazo a lo que es natural en nuestro cuerpo (arrugas, estrías, panza, vellos, etcétera), nos llevan a un "desprecio" hacia nosotros mismos, nosotras mismas, y, por lo tanto, nos lleva a "castigarnos".

Esto puede generar trastornos o conductas autodestructivas

como bulimia, anorexia, vigorexia, compulsividad al comer, tratamientos estéticos extremos, cirugías innecesarias, dietas estrictas, rutinas excesivas de ejercicio... lo cual nos desconecta de nuestro cuerpo, de sus necesidades básicas, de su bienestar, y nos impide disfrutar el placer de comer, el movimiento natural y saludable, el descanso, escuchar tu cuerpo, alejándonos de la aceptación, respeto y amor propio.

Mientras sigas intentando estar "saludable" estimulando el desprecio por ti mismo y castigando tu cuerpo, los resultados serán negativos. Aún si logras el cuerpo que quieres, es cuestión de tiempo para que regreses a tus malos hábitos alimenticios o esto te afecte en otras áreas de tu salud, ya que es imposible que alguien soporte castigarse el resto de su vida. De hecho, "aguantas" lo más que puedes, pero guardas la esperanza de que acabe pronto. Por eso existen los rebotes de las dietas o las lesiones que surgen cuando por fin decidimos hacer ejercicio.

Si, por el contrario, te conectas con tu cuerpo, disfrutas de la comida, del ejercicio, del movimiento y del descanso, podrás hacerlo el resto de tu vida y desearás que no termine.

Cuando observas tu cuerpo, ¿qué te dices a ti mismo?, ¿qué palabras resuenan en tu mente?, ¿qué emoción se genera en ti?

Muchos de esos pensamientos y emociones que surgen al mirar nuestro cuerpo han sido aprendidos o generados por una cultura que promueve el desprecio a lo que no cumple con los estándares que marcan las modas actuales. También surgen de nuestros padres, de aquellas frases que nos decían al referirse a nuestro cuerpo o a sus propios cuerpos.

Es momento de liberarnos de todo eso que nos alejó del amor infinito e incondicional.

## MEDITACIÓN

Te invito a desnudarte y observarte de nuevo frente al espejo. Quiero que veas tu perfección, todo lo que hay en tu anatomía es sabio.

Con mucho amor y atención, habla con tu cuerpo, recuerda que a través de él puedes realizar tus actividades diarias: puedes moverte, ver, escuchar, abrazar...

Llénalo de gratitud y amor con las siguientes afirmaciones:

"Eres un cuerpo hermoso, te agradezco todo lo que me has dado en estos años, gracias por tu sabiduría, porque me hablas todo el tiempo, gracias por los mensajes que me das a través de mis dolores o enfermedades".

Dile a tu cuerpo que tienes la disposición de escucharlo para atender lo más importante de tu vida: tu propio Ser.

También puedes platicar con esa parte que está enferma o que tiene algún dolor, y preguntarle: ¿qué necesitas?, ¿qué mensaje me estás dando?

Durante el proceso pueden surgir pensamientos de autocastigo que te alejen de esa aceptación positiva y ese amor infinito. Despreocúpate, ya que la práctica constante hará que poco a poco sea más fácil.

Ahora, en silencio obsérvate y escucha. ¿Qué te quiere pedir tu cuerpo?, ¿qué acciones saludables tienes que hacer en tu aquí y ahora?

Durante el día, tu cuerpo se va a seguir comunicando contigo, te va a pedir descanso, comida, movimiento, tiempo de esparcimiento, todo de forma saludable. Con base en el amor y agradecimiento que le tienes, escucharás los mensajes uno por uno.

Para saber si estás atendiendo tus necesidades físicas, mentales y espirituales, te propongo que leas y revises si en tu cotidiano cumples con este check list del amor propio:

## ESCUCHA Y ATIENDE A TU CUERPO.

Todos debemos procurar dormir, comer, tomar agua, ir al baño, movernos. Sin embargo, pareciera que la vida corre más rápido que nuestro propio cuerpo. El estrés, el trabajo, los excesos, no nos permiten hacer altos en el día para dar prioridad a nuestras necesidades básicas.

Descansa, deja que tu cuerpo se recupere a su ritmo, para ello es importante tener una higiene del sueño, que son los hábitos y actitudes que nos permiten tener un sueño reparador y de calidad.

Haz ejercicio, pon tu cuerpo en movimiento de una manera natural, disfrutable y saludable. Mover nuestro cuerpo hace que segreguemos químicos que nos brindan una sensación de felicidad. El cuerpo requiere moverse para sentirse bien, así que en el momento en el que no disfrutas algún ejercicio, puedes llegar a lastimarte o lesionarte.

Reconcíliate con la comida. Cuando comemos a prisa, como si alguien nos fuera a quitar el plato, estamos convirtiendo el placer de comer en un requisito para seguir con las diligencias del día. Si, por el contrario, disfrutas los bocados que llegan a tu boca como si fuera lo más delicioso del día y esperas a terminar un bocado para iniciar el otro, notarás cambios positivos en tu digestión y en tu cuerpo, y mejorará la relación emocional que tienes con la comida. Las nutricionistas Evelyn Tribole y Elyse Resch, en su libro *Alimentación intuitiva*, nos invitan a evitar la alimentación basada en la culpa y el castigo para reconectar con nuestro cuerpo y nuestra sabiduría nutricional innata. De esta manera las decisiones alimenticias que tomes estarán basadas en el autocuidado y amor propio. Disfruta comer, dale a tu cuerpo todos los nutrientes necesarios mediante una alimentación balanceada e intuitiva.

Hidrata tu cuerpo. El cuerpo necesita mantenerse hidratado, todas las mañanas comienza tu día con un vaso de agua y tenla siempre a tu alcance para darle a tu cuerpo la cantidad de agua que te pida durante el día.

Ve al baño las veces que sean necesarias y en el momento en que tu cuerpo te lo pida; muchas veces dejamos de ir al baño para dar prioridad a otras actividades, en lugar de atender lo que nuestro cuerpo necesita.

## NUTRE TU MENTE.

Deja que tu mente se llene de información positiva, que te aporte, que te permita crecer y desarrollar tu potencial. Lee libros, escucha canciones alegres y positivas, acércate a personas que te sumen, que te aporten, que te permitan continuar tu evolución. Permítele a tu mente aprender, pero también desaprender, ya que en la medida en que le permitas expandirse, adquirir nuevas ideas, cambiar de opinión y cuestionarse sus creencias, podrás seguir nutriendo tu mente.

## CONECTA CON TU VERDADERO SER.

Durante el día estamos atentos a los demás, al trabajo, compromisos, redes sociales, televisión, pareja, hijos, pero no nos damos el tiempo para detenernos y escucharnos, estar con nosotros, sin ruidos, únicamente disfrutando de nuestra presencia. Es momento de apagar todo lo que sucede afuera para conectar con lo que sucede dentro de ti. Dedica tiempo a estar en soledad, realiza actividades al aire libre o en contacto con la naturaleza, busca espacios para meditar, estar presente, sentirte, conectar, amarte. Disfruta tu presencia más que nada en este mundo.

Estas máximas te permitirán dejar de juzgarte o castigarte para comenzar en tu vida un nuevo camino hacia el amor propio.

# TU REFLEJO EN EL OTRO

*Sin amor, la humanidad no podría existir
un día más.*
*Erich Fromm*

El ser humano, por naturaleza, busca crear y mantener conexiones con las demás personas. La mayoría de nuestras conductas se dirigen a recibir atención y afecto de los demás, buscamos aprobación, caricias emocionales, miradas... cuyo objetivo es conectar con otros.

Podemos incluso tener conductas tóxicas o autodestructivas, siempre y cuando la ganancia que obtengamos o beneficio sea mayor, como, por ejemplo, permitirnos conectar con aquellas personas que nos son significativas.

El ser humano necesita conectar a través de las caricias. El psiquiatra Eric Berne nos indica que una caricia es cualquier estímulo o acto que recibes de otro ser vivo que reconoce tu existencia.

Las caricias pueden ser positivas, como los besos, abrazos, palabras, miradas y sonrisas, o negativas, como los maltratos, gritos y humillaciones, de acuerdo con la teoría de economía de caricias, del psicoterapeuta Claude Steiner. Dependiendo de la abundancia o escasez de caricias positivas será el desarrollo de cada ser humano.

En la búsqueda de ese contacto físico y emocional se vuelve necesario relacionarnos con otros seres vivos, tener pareja, amigos, familia, mascotas. Mientras esas relaciones nos permitan conocernos a través de los demás y confirmar nuestra propia existencia, todo irá bien.

¿Cómo es la conexión con todas aquellas personas cercanas a ti? Muchos de los conflictos que tenemos con las personas cercanas a nosotros, tienen su raíz en las expectativas que nos vamos creando sobre los demás.

Generamos múltiples ideas sobre cómo debe ser esa relación o esa persona, según nuestro punto de vista o nuestra historia personal. Cumplir las expectativas de los demás o que los demás cumplan las tuyas es un objetivo absurdo, ya que es imposible de lograr. En nuestra mente creamos cuentos de hadas, donde las personas con las que nos relacionamos son y actúan como esperamos.

Sin embargo, la vida no es así. Ese sueño idealizado no siempre se cumple, por lo que empezamos a vivir un conflicto entre sueño y realidad.

El sueño de mi relación ideal se transforma en pesadilla al contrastarse con la realidad vivida.

Entonces comenzamos a tener conflictos con las personas

más cercanas y que más amamos, nos sentimos frustrados, y vienen emociones como el enojo o la tristeza, empezamos a desconectarnos emocionalmente y a tratar de cumplir nuestro sueño idealizado a costa de lo que sea, aunque implique lastimar a los demás.

En este mundo nadie está obligado a amarme, nadie viene a cumplir con mis expectativas o mi sueño idealizado.

Una persona puede dedicar su vida a cumplir las expectativas de los demás o que los demás cumplan sus expectativas y terminar sintiendo frustración al no lograrlo.

¿Estás dispuesto a dejar de esperar "algo" de los demás?, ¿quieres vivir cada día tratando de cumplir tu sueño idealizado o quieres empezar a disfrutar lo que te presenta la realidad?

Piensa en algún conflicto que tengas con cualquier persona. Luego, reflexiona si detrás de esa situación hay algo que esperas que haga, que piense o que sea.

Es muy probable que así sea, y que esa persona no lo esté cumpliendo.

Podrías decirme que estoy equivocada, ya que en tu caso es al revés y es el "otro" el que espera cosas de ti. Es probable, y es también probable que estés "esperando" que no lo haga, que cambie... pero esas son tus expectativas.

Empieza a disfrutar de las personas que amas.

Empieza a aceptarlas como son,
sin cambiarles nada, sin ninguna condición.

Empieza a reconocer su valor
y asume que son tan valiosas como tú.

Empieza a aceptar que su forma de ser, actuar,
hablar o vivir es igual de importante que la tuya,
aunque puedas no estar de acuerdo con algunos aspectos.

Empieza a vivir la vida que quieres vivir
y permite que los demás vivan su propia vida.

Las relaciones que vamos creando a lo largo de la vida son en realidad el reflejo de lo que sucede dentro de nosotros.

Si por alguna razón te has vuelto intolerante a algunas personas o conductas, es muy probable que ellas estén reflejando algo que pasa dentro de ti. Puede que estén tocando alguna herida emocional del pasado, alguna inseguridad, algo que no hemos aprendido aún, algún miedo o sean parte de tu sombra.

La única manera de descubrirlo es dejar de señalar al otro para poder regresar la mirada hacia nuestro Ser interior. Una mirada amorosa y comprensiva, que te permita sanar tus heridas y, por consecuencia natural, sanar tu relación con los otros.

EJERCICIO 

*Piensa en aquella persona con la que te da trabajo relacionarte o con quien estás teniendo dificultades y determina qué te gustaría mejorar. Escribe aquellas expectativas que esa persona no ha cumplido. Reflexiona sobre lo que esta persona está reflejando de tu propio interior.*

El objetivo de este ejercicio no es que tengas que convivir con esa persona, ya que, en ocasiones cada uno tendrá que tomar su camino y eso no puede remediarse. Se trata de que los cambios se den dentro de ti y logres sanar la herida que te impide sentirte en unidad con todas las personas.

# PERDONAR TE LIBERA

*Tú y yo no somos más que una sola cosa:*
*no puedo hacerte daño sin herirme.*
*Mahatma Gandhi*

Un día, me encontré con fantasmas en mi cabeza. Eran recuerdos de personas que, en el pasado, se habían aprovechado de mi falta de experiencia o de mi confianza. Venían constantemente a mi cabeza, llenándola de pensamientos negativos y un deseo oculto de que sufrieran algún "karma" por la forma como actuaron conmigo.

Luego me detuve y frente a mí había un gran árbol, hermoso y lleno de hojas verdes. Enseguida me reconocí en el árbol; también reconocí a mis fantasmas.

Pude darme cuenta de que cada pensamiento en contra de ellos era veneno que estaba vertiendo sobre el árbol y que también me estaba lastimando a mí.

En ese momento, mi mente se iluminó con una luz especial y comencé a regar el árbol con nuevos sentimientos.

Para lograrlo, primero es necesario regar el árbol del Perdón. Tú no tienes nada que perdonar a los demás, ya que eso significaría que quienes te rodean tenían que cumplir con tus expectativas. Ese perdón es hacia tu persona, hacia las circunstancias que te llevaron a vivir esa experiencia, hacia lo que llevó a esta persona a actuar de esa forma.

Siente el perdón, no digas palabras, apaga tu mente y abre tu corazón. Llena el árbol, desde la raíz, de ese sentimiento de perdón que emana de ti.

Perdonar es amar, es comprender tu parte humana y tu vulnerabilidad, es aceptar a las personas como son: seres completos, con defectos y virtudes, y reconocer que nadie es más ni menos que tú.

De la misma forma en que tú podrías ser perdonado por los errores que has cometido, cada persona merece ser liberada del juicio social, de las expectativas de los demás.

Muchas veces los fantasmas se originan a partir de un sentimiento de culpa por haber actuado de cierta manera o por dejar de actuar. Permite que se limpie esa culpa con el agua del perdón para sanar tus heridas.

Perdonar es amarte y liberarte de la culpa, la cual puede convertirse en una tortura autoimpuesta que no te permitirá ser libre y sentirte feliz. La culpa puede bloquear tu merecimiento y tu conexión con la abundancia divina.

Cuando te perdonas y perdonas a los demás, te liberas del rencor que solo lastima al que lo siente, al que lo guarda, dejas fluir libremente tus emociones, tomando consciencia de ellas y aceptándolas amorosamente, para que no te dominen o lastimen.

Decir "lo siento" ayuda a aceptar que lamentamos lo sucedido, que no hay víctimas ni victimarios, y eso nos libera de ese sufrimiento.

Luego, es necesario regar el árbol del Agradecimiento.

Cada fantasma de tu vida te ha dejado cosas para agradecer, aprendizajes y experiencias que te permiten ser hoy quién eres. Agradece todo aquello que has crecido a partir de esa experiencia, la gente que te has encontrado, las decisiones que has tomado.

Por último, riega el árbol del Amor.

Quizá sea lo más difícil, pero es momento de llenar el árbol con regalos hermosos y bendiciones.

Vas a desear que vengan cosas bellas para cada una de esas personas: abundancia, amor, salud, prosperidad y todo lo que pudieras desear. Esa agua llegará también a ti.

Después de esta práctica puedes tomarte un tiempo en silencio para que tus emociones se vayan acomodando en tu interior.

Puede ser un proceso doloroso ya que toca heridas, sin embargo, también es un proceso liberador. Disfruta esa nueva libertad en tu Ser.

Me libero de los fantasmas del pasado, llenando mi corazón de perdón, agradecimiento y amor.

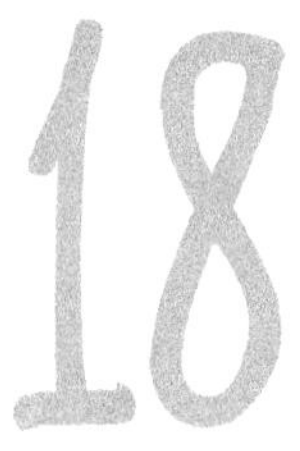

# EL DINERO EN TU VIDA

*El dinero es necesario para desarrollarnos en todos los sentidos, tanto física, como mental y espiritualmente, y alcanzar la plenitud.*
*Wallace D. Wattles*

Si tu objetivo en la vida es tener mucho dinero y acumularlo, de una vez te digo que eso no te hará feliz, ya que el dinero es un medio para alcanzar un fin.

La riqueza es mucho más que acumular dinero. Mucha gente guarda el dinero como si fuera su mayor tesoro y lo cuenta a diario, pero vive con el temor de perderlo, no lo comparte con las personas que ama y no lo utiliza ni siquiera para sí mismos.

Considerar que el dinero es un fin es algo equivocado, y puede convertirte en alguien realmente pobre. Acumular dinero, acumular objetos, acumular miedos, acumular rencores es igual, ya que no permites que las cosas fluyan en tu vida, que cumplan su objetivo y puedan seguir su rumbo. Recibe con agradecimiento la abundancia y deja que fluya.

Dejar ir y soltar es parte de la verdadera felicidad humana. De igual forma, el dinero debe fluir para que llegue más a tu vida. Es como aferrarse a tomar agua del río: jamás podrás tomar suficiente; sin embargo, si te bañas en el río, tomas el agua que necesites y dejas que corra la que no necesitas; así, siempre tendrás más y la abundancia estará en tu vida por siempre.

El dinero es necesario para desarrollar nuestros tres cuerpos: el físico, el mental y el espiritual, los cuales son igual de importantes.

Tu cuerpo físico necesita todo lo necesario para estar bien, alimentarse, moverse, descansar, vestirse. Tu mente necesita aprender, conocer, vivir retos, explorar. Tu espíritu necesita dar y recibir amor de todo lo que existe en el universo. El dinero es un medio que te ayuda a darle a cada cuerpo lo que necesita y a mantener el equilibrio entre el dar y el recibir.

Cuando el dinero es un medio que te permite cumplir tus sueños, cuidar tu cuerpo, enriquecer tu mente de aprendizajes, experiencias y fortalecer tu espíritu al compartir con los demás, en verdad estás viviendo en abundancia y en riqueza. A través del dinero puedes vestir, comer, estudiar, aprender, conocer lugares maravillosos, dar a los que te rodean lo necesario para que también alcancen esa plenitud.

EJERCICIO

*Analiza tu día de hoy y reflexiona sobre las veces que atendiste cada uno de tus tres cuerpos y cómo los alimentaste, esto te dará una idea de lo que te falta en tu vida para alcanzar la plenitud. Escribe las acciones que realizarás a partir de hoy para alcanzar ese equilibrio que necesitas.*

Recuerda que la persona que no alimenta sus tres cuerpos, el físico, el mental y el espiritual, no podrá alcanzar la riqueza, ya que no tendrá en su vida un equilibrio, y con el tiempo lamentará aquello que no hizo por su cuerpo físico, por su mente o por su espíritu.

A pesar de que la mayoría de la gente desea tener riqueza en su vida, la realidad es que no todos han logrado tenerla. La clave para lograrlo es trabajar con un concepto muy importante: nuestra relación con el dinero. Si el dinero no dura en en tu cartera; si tienes números rojos en tus cuentas a pesar de que aumentan tus ingresos; si en tus conversaciones se repiten las frases "no tengo dinero", "eso es muy caro", "estoy endeudado", "el gobierno es culpable de mi pobreza", "mi jefe no me paga bien"... significa que aún no tienes una mentalidad de abundancia.

Entonces, ¿cómo cambiar la mentalidad de pobreza por una mente de abundancia?

Transforma primero tus palabras: esas modificarán tus pensamientos y tu mente cambiará tus actitudes y acciones hacia una vida de riqueza.

Empieza a contactar con la abundancia del *todo*, recuerda

que lo que existe en él es para ti y es ilimitado.

Lo único que tienes que hacer para acceder a ella es utilizar las llaves de la abundancia: agradecer constantemente todo lo que tienes, visualizar y agradecer lo que viene, actuar con voluntad hacia el camino que tu sabiduría te señala y tener confianza en que llegará a tu vida todo lo bueno.

Recuerda mantener un equilibrio en el universo y en tu vida entre lo que tienes y lo que das. Utiliza el dinero que recibes para cumplir la voluntad divina de desarrollo y evolución.

Todo lo que te permita o permita a los tuyos desarrollarse en cuerpo, mente y espíritu, no es un gasto y no debes verlo de esa manera. Por el contrario, estás actuando en armonía con el amor, ya que gracias a la abundancia y al dinero puedes tener los medios para desarrollar tu potencial divino y el de las personas que están a tu lado.

Todo el dinero que empleo sabiamente regresa a mí, multiplicado y bendecido.

Una manera de mejorar mi relación con el dinero es conocerlo, poca gente tiene educación financiera, y la mayoría de sus decisiones cotidianas los alejan constantemente de la riqueza. Te invito a leer libros financieros, aprender formas de invertir tu dinero y permitir que se multiplique sin tanto esfuerzo. Te comparto algunos *tips* del libro *El hombre más rico de Babilonia*, del autor George Samuel Clason, mismos que te pueden ayudar en tu camino a la riqueza.

 Administra tu dinero.

Algo que le sucede a la mayoría de las personas es que mientras más ganan, más gastan. Siempre pensamos que queremos ganar una cierta cantidad de dinero mensual; sin embargo, cuando alcanzamos esa meta, nos damos cuenta que seguimos con poco dinero en la bolsa o que nuestras deudas han aumentado.

Eso sucede porque empezamos a darnos esos "gustos" que realmente no necesitamos y que siempre anhelamos; nuestra mente de pobreza no sabe qué hacer con el dinero y busca la forma de volver a sentir la ausencia. Entramos en una dinámica de consumismo o de competencia con otros, comprando cosas que no necesitamos, con dinero que muchas veces no tenemos.

Haz un análisis para saber a dónde se va tu dinero; eso te va a ayudar a tomar el control de tus finanzas y que puedas tomar decisiones más sabias.

Recuerda que debemos alimentar nuestros tres cuerpos: el físico, el mental y el espiritual, así que asigna un presupuesto a cada uno, con el fin de que sigas disfrutando del placer de vivir. Pregúntate cuánto dinero estás dispuesto a pagar en viajes, en comer saludable y delicioso, en vestir bien, en una casa segura y cómoda, en ayudar a los que te rodean, en el ocio, en el deporte, en tus pasatiempos, en paseos familiares, y asigna un presupuesto para cada uno, de acuerdo a tus prioridades y posibilidades. Mientras tu cartera siga vacía o tus deudas aumenten, eres esclavo del dinero y no sabrás lo que es la libertad financiera.

## 👁 Págate primero.

Eso se refiere a que debes retener una parte de tu sueldo o entradas para el ahorro, puede ser el 10% del dinero que recibes. Busca alguna forma para que ese dinero se vaya automáticamente a una cuenta de ahorro y no cuentes con él para nada más, ya que ese dinero es el que te servirá de impulso para poder hacer inversiones sabias.

Haz que el dinero trabaje para ti: cuando el dinero que ahorraste lo pones a trabajar para ti, vendrá más dinero a tu cartera sin que te des cuenta. Eso es la inversión. Cuando lo invertimos correctamente, de manera automática tendremos utilidades. En ese momento sabrás que has puesto a trabajar al dinero para ti y no que tú estás trabajando para él.

## 👁 Aprende sobre finanzas.

Para saber cómo y dónde invertir para que se generen ganancias y utilidades de manera automática, sin esfuerzo, necesitas aprender sobre finanzas. Es válido reconocer que no sabemos, reconocer nuestra ignorancia para abrir la puerta al mundo increíble de las finanzas y disfrutar de la verdadera libertad financiera.

Ahora que tienes en tus manos algunas recomendaciones para crear tu plan financiero, empieza a enfocarte en metas específicas y generar tus estrategias.

Mientras más claro tengas en tu mente lo que quieres alcanzar, tu cerebro más fácilmente encontrará los caminos para llegar ahí; ése es el trabajo de la mente, así que úsala a tu favor y enfócala.

Aprende a ver el dinero como un medio necesario para alcanzar tu propósito de vida, ya que eso te llevará a agradecer su presencia y a desear tenerlo.

# TU PROPÓSITO

*El propósito fundamental de nuestra vida es buscar y alcanzar la felicidad.*
*Dalai Lama*

Muchas veces confundimos nuestro propósito o sentido de vida con aquello que queremos tener o que queremos hacer. Para descubrirlo requerimos de una gran conexión y autoconocimiento, encontrar aquello que nos mueve cada día, aquel fin último de cada decisión, de cada paso que damos, así como contestar la pregunta ¿para qué?

Para comprenderlo mejor, te pregunto: ¿Para qué haces lo que haces? ¿Para qué trabajas? Quizá respondas: "Para tener dinero". ¿Para qué quieres tener dinero? "Para viajar." ¿Para qué quieres viajar? "Para descubrir el mundo." ¿Para qué quieres descubrir el mundo? "Para sentir plenitud y felicidad."

Cuando llegues al último para qué, habrás descubierto aquello que te hace sentir pleno o feliz, aquello que te da paz y tranquilidad, aquello que llena tu Ser y que te llena de voluntad para levantarte cada día. En ese momento, puedo decírtelo, has encontrado uno de tus propósitos de vida y una respuesta a ¿para qué hago lo que hago? Sigue cuestionándote, hasta que ya no necesites hacerte esa pregunta.

Los propósitos de vida se enfocan principalmente en aquello que alimenta tu espíritu, todo lo que se relaciona con tu conexión con el universo, también pueden enfocarse en aprendizajes, evolución, trascendencia, aportar al desarrollo de otros, hacer este mundo mejor... y muchos más que seguramente tú descubrirás.

Richard Davidson, especialista en neurociencia afectiva, nos dice que la base de un cerebro sano es la bondad. Es importante que dentro de tu propósito de vida esté el desarrollo de otras personas, ya que eso te permitirá sentirte más pleno y feliz. La ciencia ha demostrado el efecto positivo que esto tiene en el cerebro y, por lo mismo, en el cuerpo, pues desarrollarás cualidades como la bondad y la compasión.

¿Para qué quiero tener una relación de pareja?, ¿para qué quiero tener hijos?, ¿para qué hago ejercicio?, ¿para qué quiero un auto de lujo?

Responde a cada pregunta hasta encontrar tus propósitos de vida, aquello que te llena de plenitud y paz, por lo que estás dispuesto a hacer todo, aquello que llena tu corazón de fuego y pasión, que le da sentido a tus días.

# EJERCICIO 

*Te invito a descubrir y escribir tus propósitos de vida. Ya que encontraste esos propósitos, es importante que te plantees ahora tus metas. Una meta es todo aquello que te acerca a cumplir tu propósito de vida. Algunas metas pueden ser: estudiar una licenciatura, vivir en una casa propia, conocer nuevos lugares, tener un cuerpo sano, tener una relación de pareja que sume a mi vida, tener un hijo, tener un coche, etcétera.*

Ahora puedes empezar a hacer un plan de vida. En un estado de meditación o reflexión puedes conectar con tu Ser sabio para encontrar las estrategias y acciones que te acercarán al logro de tus metas y por lo tanto de tu propósito de vida. Cada acción que realices debe ser basada en el amor propio, vivir en armonía con las demás personas o con tu entorno y permitirte fluir y disfrutar.

Recuerda utilizar el poder de tu cerebro para automatizar la mayor parte de actividades que puedas, para convertirlas en hábitos, y utilizar el poder de tu intuición para redirigir el camino las veces que sean necesarias, ya que la vida suele sorprendernos y cambiar nuestros planes.

Confía en tu Ser sabio y comienza a caminar, mucha gente pasa su vida planeando y actúan poco. Cuando apagamos nuestra mente y confiamos en el camino, todo tendrá mayor claridad, ya lo verás.

Así que tu principal propósito de vida, desde mi perspectiva, es caminar, moverse y evolucionar.

# 20 EL CAMINO APENAS COMIENZA

*Si no cambias la dirección, puedes terminar donde has comenzado.*
*Lao Tse*

Esta aventura comenzó al encontrarme conmigo misma en este nuevo despertar y conocer de dónde provengo. Empecé un proceso de autoconocimiento, de aceptación incondicional, de amor infinito y de unidad con *todo*.

Ahora entiendo que soy más grande que mi cuerpo terrenal, que comparto la misma esencia con todo lo que conforma el universo.

Descubrí que cada ser que existe representa una parte de mí, de esta forma jamás estoy sola. Que poseo una sabiduría ancestral e intuitiva que me guía en cada paso que doy.

Donde hay fe no existe el miedo, todo está en manos sabias, las respuestas están en mí, el camino se crea ante mis ojos con cada paso que doy. La luz divina me protegerá siempre de todo lo que podría causarme miedo.

Te invito a descubrir la luz que está en ti, a aceptar y amar tu dualidad, a vivir en armonía con todos los seres que te rodean.

Atrévete a perdonar, a amar, a sentir, a crear, a manifestar, a creer en ti.

Deja que tu vestimenta de soberbia, de ego, de limitaciones, desaparezca y empieza a desnudar tu Ser. Libérate de lo que te has creído que eres, de lo que los demás te dijeron que debes ser, libérate de tus propias cadenas para volar tan alto como desees.

Desnúdate de una vez, vence el miedo a sentirte desnudo, vulnerable, humano, porque ese es el camino para encontrar tu divinidad. Permite que tu sabiduría y tu poder se hagan más grandes, fluye en amor con todo lo que existe, vive en armonía con el universo.

Vuelve a ser ese bebé que es sabio, que es pleno...
vuelve a tu esencia.

Cuando reconozcas con humildad que eres *todo*, cuando encuentres la unidad con tus hermanos, con la naturaleza, con el universo infinito, cuando empieces a escuchar a tu Ser sabio y dejar actuar a tu Ser poderoso, cuando decidas soltar el pasado, cuando decidas dejar de sufrir para empezar a vivir, cuando detengas tu mente para conectar con tu presente, podrás ser libre, podrás sentir el amor infinito y vivir plenamente.

Recuerdo una frase que mi padre decía cada vez que nos embarcábamos a un nuevo viaje o aventura: "Todo un mundo de placer y diversión nos espera, ¡vámonos!".

Cada instante, cada experiencia, cada encuentro, te ofrece todo el placer y diversión que seas capaz de experimentar. Dale una oportunidad a este mundo que se encuentra frente a ti y a todas las opciones que te presenta.

Es momento de iniciar una nueva aventura, es hora de movernos, de caminar con seguridad, ya que el movimiento es vida, es crecimiento, es evolución.

Te invito a disfrutar este viaje maravilloso llamado VIDA.

Dejar de ser yo,

para deshacerme del disfraz que impide

ver lo que en realidad soy.

Desprogramar mis creencias limitantes,

para descubrir que no existen límites en mi verdadero Ser.

Observar mis emociones,

para transformarlas en amor infinito.

Soltar mis miedos y dudas,

para fluir en el poder del ahora.

Perdonar y perdonarme,

para caminar libre hacia la verdad.

Permitirme ser nada,

para recordar que soy el todo.

Ser la luz,

para iluminar mis pasos.

Ser el amor,

para sostenerme en el camino.

Ser la esencia divina,

para fundirme en unidad con el todo.

# AGRADECIMIENTOS

Agradezco a mis padres, que con su amor infinito guiaron esta búsqueda incesante en mi interior; a mis hermanas por ser mis compañeras de vida y grandes maestras; a mi esposo e hijas, por ser la luz que ilumina mis pasos y que me impulsa a seguir evolucionando; y a todas las personas que me han acompañado en este caminar hacia la comprensión de lo que en realidad soy.

Este camino apenas comienza, ya que cada instante de mi existencia me presenta nuevos retos que me invitan a reinventarme y renacer una y otra vez.

Gracias a ti, lector o lectora, por acompañarme en este recorrido.

# REFERENCIAS BIBLIOGRÁFICAS


* Berne, Eric. *Juegos en que participamos*, Diana, México, 1986.

* Berne, Eric. *Qué dice usted después de decir hola*, Grijalbo, España, 1975.

* Blanco, Isauro. *Mindware: Neuropsicología aplicada a la educación*, Editorial Morsan Internacional, México, 2017.

* Bodin, Luc, & Hurtado-Graciet, María-Elisa El Gran Libro de Ho'Oponopono. Obelisco. España, 2015.

* Byrne, Rhonda. *El secreto*, Urano, México, 2021.

* Castillo Bonilla, Roberto. *Frases de Sabiduría,* Trillas, México, 2005.

* Chopra, Deepak. *El poder del pensamiento* (audiolibro).

* Clason, G. *El hombre más rico de Babilonia*, Nirvana, España, 2019.

* Csikszentmihalyi, Mihály. *Aprender a fluir,* Kairós, España, 1998.

* Dahlke, Ruediger. *La enfermedad como símbolo*, Robin Book, España, 2012.

* Davinson, Richard, & Goleman, Daniel. *Los beneficios de la meditación: La ciencia demuestra cómo la meditación cambia la mente, el cerebro y el cuerpo*, Kairós, España, 2017.

* Dispenza, Joe. *Sobrenatural. Gente corriente haciendo cosas extraordinarias*, Urano, España, 2018.

* Frankl, Viktor. *El hombre en busca de sentido,* Herder, España, 1991.

* Grinder, John, & Bandler, Richard. *De sapos a príncipes,* Cuatro vientos, México, 2014.

* Hanson, Forrest, & Hanson, Rick. *Resiliente,* Gaia, España, 2020.

* Hay, Louise L. *Tú puedes sanar tu vida,* Diana, México, 2021.

* Hill, Napoleon. *Piense y hágase rico*, Vergara, España, 2021.

* James, William. *Principios de psicología*, Fondo de Cultura Económica, México, 1989.

* Kiyosaki, Robert  y Lechter, Sharon. *Padre rico padre pobre*, Punto de lectura, México, 2010.

* Maltz, Maxwell. *Psico Cibernética*, TarcherPerigee, USA, 2015.

* Sagan, Carl. *El mundo y sus demonios*, Editorial Planeta. España, 2017.

* Scovel Shinn, Florence. *La palabra es tu varita mágica.* Prana. México, 2005.

* Sharma, Robin S. *El monje que vendió su Ferrari*, Penguin Random House, México, 2020.

* Steiner, Claude. *Los guiones que vivimos*, Kairós. España, 1992.

* Tsé, Lao. Tao Te Ching, *Del Nuevo Extremo*, Argentina, 2014.

* Wattles, Wallace. *La ciencia de hacerse rico*, Nirvana, México, 2016.

* Weber, Gary. *Happiness Beyond Thought: A Practical Guide to Awakening*, iUniverse, USA, 2007.

* Wright, Robert. *Por qué el budismo es verdad: La ciencia y filosofía de la meditación y la iluminación: La ciencia y filosofía de la meditación y la iluminación*, Gaia, España, 2018.

* Zweig, Connie & Abrams, Jeremiah. *Encuentro con la sombra.* Kairós, España, 1991

* Reina Valera. *Santa Biblia*, México, 1960.

# REFERENCIAS DIGITALES

* https://www.huffingtonpost.es/jennifer-barreto-leyva/
body-positive-de-que-se-trata_a_23262476/

* https://www.asssa.es/blog-entrada/investigaciones-cienti-
ficas-sobre-la-meditacion-y-su-aportacion-a-la-salud/

* https://yogaformacioninstitute.es/posts/372-la-medici-
na-y-cientificos-con-el-yoga

* https://drjoedispenza.com/

* https://www.mayoclinic.org/es-es/healthy-lifestyle/
stress-management/in-depth/stress/art-20046037

# ESPACIO CREATIVO

9 798367 475296